Level design
e arquitetura

Dados Internacionais de Catalogação na Publicação (CIP)
(Simone M. P. Vieira – CRB 8ª/4771)

Casarini, Marcel
    Level design e arquitetura: como entender o espaço do ambiente digital / Marcel Casarini. – São Paulo: Editora Senac São Paulo, 2024.

    Bibliografia.
    ISBN 978-85-396-4439-1 (Impresso/2024)
    e-ISBN 978-85-396-4438-4 (ePub/2024)
    e-ISBN 978-85-396-4378-3 (PDF/2024)

    1. Arquitetura digital   2. Level design   3. Percepção espacial   I. Título.

24-2207r   CDD–006.6
                                                        745.4
                                           BISAC COM012000
                                                   PER017000
                                                   COM060130

Índices para catálogo sistemático:
1. Computação gráfica: Design digital   006.6
2. Design gráfico   745.4

Marcel Casarini

Level design e arquitetura

Como entender o espaço do ambiente digital

Editora Senac São Paulo – São Paulo – 2024

Administração Regional do Senac no Estado de São Paulo
Presidente do Conselho Regional Abram Szajman
Diretor do Departamento Regional Luiz Francisco de A. Salgado
Superintendente Universitário e de Desenvolvimento Luiz Carlos Dourado

Editora Senac São Paulo
Conselho Editorial Luiz Francisco de A. Salgado
　　　　　　　　　 Luiz Carlos Dourado
　　　　　　　　　 Darcio Sayad Maia
　　　　　　　　　 Lucila Mara Sbrana Sciotti
　　　　　　　　　 Luís Américo Tousi Botelho

Gerente/Publisher Luís Américo Tousi Botelho
Coordenação Editorial Verônica Pirani de Oliveira
Prospecção Andreza Fernandes dos Passos de Paula
　　　　　　 Dolores Crisci Manzano
　　　　　　 Paloma Marques Santos
Administrativo Marina P. Alves
Comercial Aldair Novais Pereira
Comunicação e Eventos Tania Mayumi Doyama Natal

Edição de Texto Ana Luiza Candido
Preparação de Texto Ana Lúcia Mendes
Coordenação de Revisão de Texto Marcelo Nardeli
Revisão de Texto Camila Y. K. Assunção

Coordenação de Arte Antonio Carlos De Angelis
Projeto Gráfico, Capa e Editoração Eletrônica Leonardo Miyahara
Imagens Adobe Stock Photos
Impressão e Acabamento Rettec Artes Gráficas

Proibida a reprodução sem autorização expressa.
Todos os direitos desta edição reservados à
Editora Senac São Paulo
Av. Engenheiro Eusébio Stevaux, 823 – Prédio Editora
Jurubatuba – CEP 04696-000 – São Paulo – SP
Tel. (11) 2187-4450
editora@sp.senac.br
https://www.editorasenacsp.com.br

© Editora Senac São Paulo, 2024

Sumário

Agradecimentos 8
Nota do editor 10
Introdução 12

1 Evolução dos modos de representação do mundo 16
   REPRESENTAÇÃO DO TRIDIMENSIONAL **17**
   DESENHOS TÉCNICOS E O ESPAÇO ARQUITETÔNICO **33**
   CENÁRIOS E CINEMA **46**

2 Percepção espacial 54
   PERCEPÇÃO ESPACIAL **55**
   A fenomenologia **55**
   Agência **56**
   USUÁRIO ARQUITETÔNICO E ESPECTADOR-INTERATOR **57**
   Experiência no espaço **59**
   ESPAÇO NAVEGÁVEL, IMERSÃO E AVATARES **63**
   A influência do cinema **65**
   A câmera e a percepção do espaço **66**
   O avatar **68**
   Imersão **70**
   Realidade virtual **72**

3 Paralelos espaciais entre arquitetura e level design 76
   ESTUDOS DE CASO **77**

O LEVEL DESIGN E A ARQUITETURA DIGITAL   83
O ESPAÇO   89
A significação do espaço   98
A HIPERMÍDIA   99
HABITAR/IMERSÃO   103
A SEMIÓTICA   105

4 Arquitetura dos espaços digitais   112
INTRODUÇÃO AO CONCEITO DE PROJETO
DE ARQUITETURA DE LEVEL DESIGN   113
O projeto   113
O projeto como comunicação   118
Affordance   120
Orientation points   123
Espaço e biofilia   124
Ferramentas de design   131
Tirando partido dos problemas   135
ETAPAS PARA A CONSTRUÇÃO DE UM ESPAÇO ARQUITETÔNICO
E SUA RELAÇÃO COM OS ESPAÇOS DIGITAIS EM GAMES   138
Pesquisa de referências   141
Conceito ou partido arquitetônico/level pillars   144
Estudo preliminar/layout do level   148
Anteprojeto/*grayblock*   149
Pré-executivo/primeira interação de arte   151
Executivo/finalização de arte   151

Considerações finais   156
Glossário   174
Referências   184
Créditos das imagens   190
Ludografia   194
Sobre o autor   198

Agradecimentos

Quando considero a longa jornada que foi a criação e a publicação deste livro, é impossível lembrar e nomear todos que de uma forma ou de outra contribuíram para a realização deste trabalho. Como o game é uma mídia que nos pega pelo coração, posso dizer que meus estudos começaram assim que joguei meu primeiro jogo, aos 6 anos de idade.

Primeiramente, gostaria de agradecer à minha esposa, Erin, por ter sido paciente e ter enfrentado comigo a jornada de escrever este livro desde o início. Obrigado, sem seu apoio eu nem mesmo teria começado minha carreira na área de jogos.

Aos meus pais e à minha família, agradeço por sempre me fornecerem meios para estudar – não foi fácil nem barato. Tenho muita sorte de ter estudado em boas escolas e na melhor faculdade de arquitetura do Brasil. Obrigado por todo o amor, todo o cuidado e todo o sacrifício.

Agradeço a meus instrutores, professores e mentores, em especial a Luís Carlos Petry e Dominique Fretin, meus mestres, mentores e bons amigos.

Finalmente, obrigado a você, leitor, pelo interesse neste livro. Espero que possa aprender com ele tanto quanto aprendi ao escrevê-lo.

Nota do editor

Construir um universo do zero, pensar em todas as suas dinâmicas e regras de funcionamento, desde seus pequenos habitantes até suas grandes estruturas, e torná-lo harmonioso, de modo que seus visitantes possam facilmente compreender como agir nesse contexto – estes são apenas alguns dos desafios dos desenvolvedores de jogos, que trabalham para propiciar as mais diversas experiências aos jogadores.

Em *Level design e arquitetura: como entender o espaço do ambiente digital*, Marcel Casarini estabelece relações entre a arquitetura e o desenvolvimento de jogos e nos convida a explorar as interseções entre as duas áreas, por meio de definições de conceitos, comparações, estudos de caso e um passo a passo de level design, ou design de nível, oferecendo uma nova perspectiva de como pensar e compreender espaços e inspirando assim novas gerações de criativos.

Com esta obra, o Senac São Paulo traz a público uma importante referência teórica para a área de desenvolvimento de jogos, enriquecendo a pesquisa acadêmica e contribuindo para a formação de profissionais que atuam neste fascinante mercado de trabalho.

Introdução

Este livro tem como intuito fazer uma ponte entre os campos do desenvolvimento de jogos e da arquitetura através da análise do espaço e de como nós, como espécie, entendemos e interagimos com os ambientes, sejam eles digitais ou **fáticos**.

O objetivo aqui é capacitar desenvolvedores de jogos com ferramentas e a compreensão de como a arquitetura tradicional pensa os espaços, bem como apoiar arquitetos na discussão sobre espaços digitais e sobre como criar experiências interessantes em seus projetos. Talvez, após a leitura desta obra, integrantes de ambas as áreas tenham uma nova perspectiva de como pensar e compreender os espaços.

A pesquisa para este livro começou em 2013, durante meu curso de mestrado. Nesse período, trabalhava como arquiteto na indústria de construção civil e comecei a desenvolver jogos; aos poucos, fui migrando para a indústria de desenvolvimento de jogos. Sete anos depois, em 2020, resolvi revisitar minha dissertação. Muitas coisas mudaram em minha carreira nesse meio-tempo: à medida que me concentrava cada vez mais no desenvolvimento de jogos, acabei me mudando para Vancouver, no Canadá, a fim de ficar mais próximo da indústria AAA (a dos jogos de vídeos). Então, pude colocar em prática com meus alunos, projetos e colegas da indústria a teoria estabelecida na primeira iteração deste trabalho. Essa é a razão pela qual considero que este livro tem dois autores principais: um arquiteto e o outro desenvolvedor de jogos, e é nessa sobreposição incomum que se baseia a discussão apresentada aqui.

Este livro está dividido em quatro capítulos. No capítulo 1, veremos como a representação de nosso mundo/ambientes em três dimensões (3D) evoluiu ao longo do tempo na arte clássica. Essa discussão é importante, uma vez que qualquer ambiente digital é uma representação dos espaços que temos no mundo real, sendo assim, avaliaremos como nossas mentes traduziram o que experimentamos para diferentes formatos de mídia, como pinturas rupestres, pinturas em tela, esculturas, cinema e softwares de modelagem 3D.

No capítulo 2, buscaremos entender como os humanos compreendem e interagem com os espaços digitais e fáticos. Vamos mergulhar em questões como: existem diferenças entre a experiência tridimensional da vida real e uma experiência tridimensional digital? O que são presença e imersão e do que precisamos para alcançá-las? Qual é o papel do avatar na experiência?

Já o capítulo 3 procurará estabelecer paralelos entre a arquitetura tradicional e o level design comparando dois estudos de caso, o do jogo *The Last of Us* (Naughty Dog, 2013) e o do Museu Judaico de Berlim (Daniel Libeskind). Nossa análise englobará desde a criação até a experiência final nos dois casos.

Então, com a arquitetura e o design de níveis devidamente comparados e estudados, para a última parte do livro, no capítulo 4, é proposta uma estrutura passo a passo de criação de level design. Nela, vamos encontrar um mapa detalhado de características essenciais de um level, de modo a apoiar a equipe de criação a atingir a experiência pretendida com seu produto.

Por fim, como uma nota importante para o leitor, este trabalho aborda o level design em duas dimensões (2D); porém, por conta do escopo abordado, ele não é discutido em profundidade. De qualquer forma, é seguro dizer que os conceitos expostos neste trabalho e a estrutura proposta podem ser adaptados para um projeto de nível 2D com relativa facilidade.

Portanto, seguindo a melhor prática de esquema e correção, a pesquisa aqui envolvida se estendeu por quase uma década; foi colocada sob teste e reavaliada; e ainda está aberta para debates, críticas e mais iterações. Espero que você aprecie a leitura e que ela possa lhe proporcionar novas formas de pensar e criar experiências espaciais.

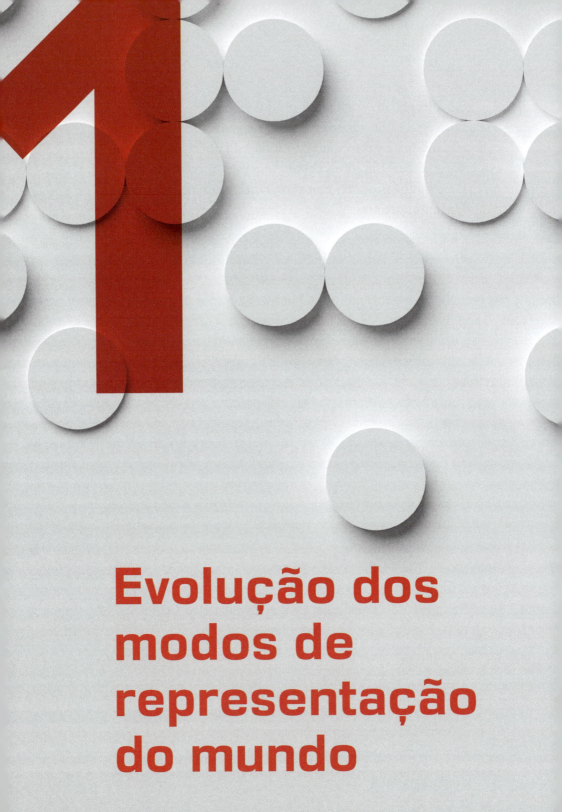

1
Evolução dos modos de representação do mundo

Neste capítulo, abordaremos a representação dos espaços ao longo da evolução humana, elencando suas diferentes formas de acordo com a mídia em que se apresentam.

Iniciaremos com os estudos de representação do mundo tridimensional em suportes bidimensionais, como desenhos, pinturas e imagens em telas de computadores ou televisores. Em seguida, veremos como o desenho técnico, utilizado pela arquitetura e pela engenharia para representar objetos tridimensionais, atende a essa diferença de suporte. Por fim, verificaremos como o cinema, a partir de uma câmera, apreende o mundo tridimensional e o transpõe para o plano bidimensional.

É importante mencionarmos que o cinema e os jogos tridimensionais compartilham um aspecto fundamental: ambos se utilizam da apreensão do mundo a partir do deslocamento de uma câmera. Dessa maneira, este capítulo busca compreender alguns dos dispositivos utilizados para a representação do espaço tridimensional em uma mídia sem suporte ao eixo de profundidade.

REPRESENTAÇÃO DO TRIDIMENSIONAL

Desde o fim do século VI a.C., quando os antigos gregos iniciaram a busca pela representação fiel do mundo em todos os seus aspectos (mimese – do grego *mimesis*, "imitação") – iluminação, sombreamento, noção espacial, entre tantos outros que poderíamos citar –, foi observado o problema de como representar um mundo tridimensional[1] em um suporte (ou mídia) bidimensional[2].

Segundo os historiadores Gombrich (2007) e Wölfflin (2015), antes dos estudos gregos, as representações simbólicas do mundo bastavam para as sociedades. Para representar um cavalo, por exemplo, desenhavam-no de lado – a forma mais comum de se reconhecê-lo –, assim como uma formiga era ilustrada vista de cima, e uma ave, vista por baixo. Esse tipo de representação remonta aos primeiros registros de arte da humanidade, como as pinturas rupestres (figura 1.1), no entanto, foi amplamente utilizado por diversas civilizações, de antes e de depois dos feitos artísticos alcançados pelos pintores gregos, sobre os quais discutiremos mais adiante.

Como ilustram as figuras 1.1, 1.2 e 1.3, o estilo de arte simbólico,[3] também adotado pelos gregos antigos em seus jarros, tende a ser menos complexo ao transcrever o que é observado no mundo tridimensional a um suporte com apenas duas dimensões, uma vez que os suportes bidimensionais achatam a imagem. Dessa forma, as silhuetas passam a ser mais facilmente reconhecidas e, por meio dessa simbologia, transmite-se a mensagem pretendida, seja ela um relato, uma narrativa ou apenas uma ilustração.

Para elaborar imagens que representassem o mundo de maneira realística, os gregos recorriam a dois métodos que perduram até hoje no fazer artístico. São eles *schemata* e *esquema e correção*.

---

1 Regido por três eixos, sendo x e y horizontais, porém transversais entre si, com z saindo verticalmente do cruzamento entre x e y, representando a profundidade.

2 Apresenta apenas dois eixos (x e y).

3 Aqui, "simbólico" no sentido de utilizar-se de símbolos representativos que não necessariamente mimetizam todos os aspectos do mundo fático, como profundidade, iluminação, etc.

Schemata, que em grego quer dizer "esquema", faz referência aos modelos mentais que todo artista, profissional ou amador, tem do mundo. Um exemplo simples desse conceito são as elipses utilizadas como base para o desenho de uma cabeça, algo que todo desenhista já fez ao menos uma vez. Portanto, utilizando-se de esquemas preconcebidos, os artistas podem transcrever mais facilmente para a tela ou o papel aquilo que observam, o que os faz ganhar tempo e qualidade nesse processo. Por outro lado, ao recorrerem a esquemas preconcebidos, artistas de uma mesma

Figura 1.1
Pintura rupestre em São Francisco das Palmeiras, Morro do Chapéu (BA), Brasil. Nesta imagem, tem-se a representação de humanos performando tarefas diárias. Nota-se que as figuras humanas estão representadas de lado e de frente, facilitando a leitura do signo "ser humano".

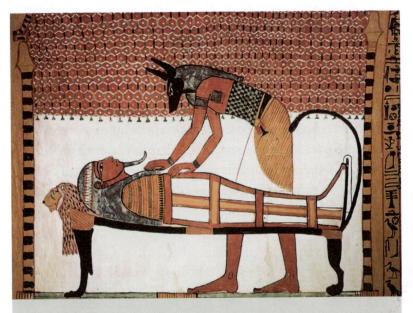

Figura 1.2
Anúbis, deus egípcio da morte, vela a múmia de Sennedjem. Mural da Tumba de Sennedjem (c. 1292-1187 a.C.). Pintura egípcia. Deir el-Medina, Egito.

Figura 1.3
Ânfora com representação do julgamento de Páris (c. 530 a.C.). Cerâmica etrusca.

escola tendem a realizar desenhos semelhantes entre si, sendo necessária, então, uma maior diversidade de *schematas* para uma maior variedade representativa.

Já a ideia de esquema e correção implica corrigir a própria técnica a partir de cada nova tentativa de representação, melhorando continuamente a forma de representar o mundo. Portanto, esse método denota o princípio básico do aprimoramento por meio de treinos ou repetições: após uma análise crítica de uma obra criada, verificam-se os aspectos que podem ser melhorados a fim de chegar ao resultado pretendido – no caso dos antigos gregos, a representação realística do que viam.

A sociedade romana, altamente influenciada pela cultura grega, aprimorou esses conceitos artísticos e técnicos, buscando uma representação cada vez mais próxima da realidade. Ela deu continuidade ao legado grego de esquema e correção, como pode ser observado nas figuras 1.4 e 1.5.

De acordo com os estudos de Gombrich (2007, p. 176), a arte de visualizar a tridimensionalidade em um suporte plano consiste na habilidade de "revelar o que escondia". Ou seja, na habilidade de o cérebro adivinhar, com base em um conhecimento prévio – adquirido graças à vivência em um mundo tridimensional –, todas as faces de um determinado corpo volumétrico que está representado de maneira planificada, compreendendo, assim, o espaço ali representado. Os pintores gregos e romanos passaram a adotar algumas técnicas a fim de aumentar a tridimensionalidade de desenhos e de emular de maneira mais satisfatória os volumes e a profundidade das imagens. Entre essas técnicas, o sombreamento e as relações de escala podem ser identificados com maior evidência em suas produções.

Na figura 1.5, podemos analisar aquilo a que Gombrich (2007) se referia quanto ao "olhar fazer a curva". Em *Flora*, do século I a.C., é possível observar uma mulher de costas. A cena é retratada de um ângulo pouco convencional para o período, uma vez

Figura 1.4
O sacrifício de Ifigênia (c. 45-79 d.C.). Afresco. Mural descoberto em Pompeia, Itália.

que o rosto não está visível. No entanto, detalhes como as flores coletadas, a direção do olhar da mulher e a tênue perspectiva de seu deslocamento à frente para coletar a flor que está levemente mais próxima ao observador são mantidos. Caso não soubéssemos como uma pessoa se movimenta, ou seja, se não tivéssemos

Figura 1.5
Afresco *Flora*, encontrado na Villa Arianna, na atual Castellammare di Stabia, Itália.

essa referência mental, essa pintura teria pouco sentido para nós, pois não conseguiríamos fazer a leitura de seu deslocamento e da narrativa exibida na figura.

Com a queda do Império Romano ocidental, no século V, e o início da Idade Média, período profundamente influenciado pelo domínio da Igreja Católica, houve uma negação dos feitos artísticos gregos e romanos, principalmente em virtude da temática pagã, já que a forte religiosidade católica da época, ao refutar a mitologia greco-romana, também renegava suas representações artísticas, nas quais o tema mitológico era bastante frequente, mas também em razão da completa falência social e cultural do Império Romano, que não possibilitou que a tradição artística fosse perpetuada. Assim, grande parte dos *schematas* foram abandonados na Europa, e a representação do mundo voltou a ter um caráter mais simbólico e planificado.

Apesar da perda do conhecimento artístico-técnico greco-romano, durante a Idade Média foram elaboradas obras de arte singulares por grandes artistas, como Giotto di Bondone (*c.* 1267-1337) – todas marcadas pela predominância da linha[4] e de temas religiosos (cristãos).

Conforme é possível observar nas figuras 1.6 e 1.7, houve uma notável evolução desde a Baixa Idade Média (século XII) até Giotto (século XIV), no fim desse período. Ao compararmos o afresco *Lamentação* (figura 1.7), de Giotto, com o mural *O sacrifício de Ifigênia* (figura 1.4), podemos observar pontos semelhantes, como luz e sombra, composição e posicionamento dos elementos, nível de detalhamento dos tecidos, a cena principal desenvolvida em linha (falta de perspectiva) e até mesmo a semelhança entre as cenas quanto à natureza delas.

Com o movimento renascentista (aproximadamente entre 1500 e 1850), houve uma completa retomada dos valores e técnicas greco-romanos em todos os aspectos da arte e em todas as suas disciplinas. A herança artística greco-romana, assim como os *schematas*, foi resgatada com base em documentos encontrados em Bizâncio e pela observação do legado artístico ainda presente nas cidades antigas, o que fez as técnicas representativas alcançarem novos patamares. Provavelmente, a principal revolução no modo de representar o mundo tridimensional de maneira

Figura 1.6
Madona e o menino (c. 1230), de Berlinghiero. Têmpera sobre madeira e fundo dourado.

---

4 Estilo de pintura e desenho no qual as linhas que separam os elementos estão bem definidas. A iluminação difusa também é uma característica do estilo linear.

Figura 1.7
Cenas da vida de Cristo: Lamentação (1304-1306), de Giotto Di Bondone. Afresco. Cappella degli Scrovegni, Pádua, Itália.

plana foi o desenvolvimento de um recurso de desenho chamado *perspectiva* – recurso que emula e unifica, na visão bidimensional, as angulações, as diferenças entre as escalas e as distorções próprias da visão tridimensional (como o anamorfismo, uma distorção visual causada pela proximidade de certo objeto em relação ao observador).

A figura 1.8 evidencia o modo como eram construídas as cenas no modelo de perspectiva. Podemos notar que as linhas verticais se encontram em um único ponto, o chamado *ponto de fuga*: ele determina a deformação de largura decorrente da relação de profundidade. No caso das linhas horizontais, podemos notar que elas se aproximam umas das outras conforme vão se afastando do observador; esse é outro artifício utilizado na representação do terceiro eixo (*z*), ou da profundidade, em um suporte bidimensional.

Essa retomada de uma perfeita mimetização do mundo tridimensional nos suportes bidimensionais rendeu outros frutos

Figura 1.8
Estudo de perspectiva para *Adoração dos magos* (1481), de Leonardo Da Vinci.

além daqueles vistos na pintura e no desenho. Na arquitetura, isso foi fundamental para a representação gráfica, uma vez que, no início do Renascimento, o mestre pintor, escultor e arquiteto Filippo Brunelleschi (1377-1446) criou o sistema de desenho técnico que é utilizado até os dias atuais, conforme veremos a seguir.

Com o investimento e o patrocínio da classe burguesa em ascensão, a queda de influência da Igreja Católica e o desenvolvimento de novas técnicas e materiais, o Renascimento floresceu artisticamente, produzindo diversas obras extraordinárias não só na pintura e no desenho, mas também na escultura, na arquitetura, na engenharia e na medicina.

Com base nos estudos renascentistas, que possibilitaram uma representação mais fiel do mundo, surgiu o realismo (que prevaleceu entre cerca de 1850 e 1880), um estilo que busca, conforme o nome sugere, uma mimese ("imitação") bastante fidedigna do ambiente ao redor. Como grandes expositores desse período, temos Jean-François Millet (1814-1875) e Jean-Baptiste Camille Corot (1796-1875).

Essa busca pela perfeita representação do mundo tridimensional em um suporte bidimensional a partir da pintura perdurou até a difusão da máquina fotográfica. Por volta de 1886, George Eastman (1854-1932) desenvolveu um equipamento que, com base em fundamentos mecânicos e químicos, conseguia capturar imagens estáticas do mundo com rapidez e perfeição, colocando sob questionamento entre os próprios artistas a necessidade de representar fielmente o mundo em seus trabalhos. Com essas inquietações latentes, os artistas deram início a um novo tipo de representação, mais voltado ao movimento e às sutilezas do mundo, aspectos que não são captados em fotografias. Dessa forma, uma arte com caráter mais pictórico[5] começou a ser produzida, como o impressionismo (a partir de 1874) de Claude Monet (1840-1926) e o expressionismo (a partir de 1910) de Edvard Munch (1863-1944), até a eventual ruptura com a representação do mundo suscitada pelo movimento moderno (com maior força a partir de 1919) e presente em muitos dos trabalhos atuais, que exploram outras questões.

> Como outras formas de expressão do mundo, é válido citarmos as histórias em quadrinhos (HQs), desenhos dispostos em quadros e apresentados em sequência, de modo a possibilitar o desenrolar de uma narrativa. Nelas são aplicados diversos dos conceitos presentes nos estilos citados anteriormente, como a perspectiva, o *schemata* e o esquema e correção. De modo geral,

---

5 Estilo de pintura e desenho no qual as massas de cores que se misturam ao olhar são mais importantes do que as linhas (estilo linear). O estilo pictórico foi muito explorado pelo movimento barroco (século XVII).

> os artistas das HQs, como Alex Ross, Frank Miller e Frank Cho, tendem a elaborar os próprios desenhos com um estilo linear; apesar de mais raro, o estilo pictórico também é utilizado por alguns poucos artistas, como Rick Berry, capista da série *Eternos*, da Marvel.

Uma ferramenta muito empregada na representação espacial, justamente por seu caráter tridimensional, é o modelo em escala, ou maquete. A maquete consiste em uma representação de um ambiente ou de um volume com tamanho reduzido, respeitando a escala[6] adotada para o projeto – no caso de um modelo mais técnico – ou a proporção[7] – no caso de um modelo que não demanda uma fidelidade total de representação.

O modelo reduzido é importante, pois pode emular o ambiente real em todos os seus aspectos espaciais, garantindo uma maior clareza na leitura do espaço do que o desenho técnico, mesmo para aqueles que dominam sua linguagem.

De acordo com um antigo manual de pintura chinesa citado por Gombrich (2007, p. 175): "presentes as ideias, o pincel pode poupar o desenho" (*The Mustard Seed Garden Manual of Painting*, 1679-1701). Para os antigos chineses, a ideia de simplificar um desenho tinha como objetivo um acabamento limpo e comunicativo, quase beirando o signo, em vez da fiel representação do mundo. Essa técnica de representar e destacar os pontos fundamentais também é utilizada na elaboração de uma maquete de

---

[6] Escala é a relação de um objeto em uma medida padrão. Por exemplo, em uma escala de 1 para 100, cada 1 m fica cem vezes menor, ou seja, torna-se equivalente a 1 cm.

[7] A proporção é o tamanho relativo entre um objeto e outro. Por exemplo, a proporção humana em relação a um edifício.

um projeto arquitetônico ou mesmo no protótipo de um ambiente virtual (*grayblock*), pois, ao destacar o conceito principal, é possível focar na espacialidade do ambiente, tornando mais claras as relações e articulações entre diferentes áreas e facilitando a compreensão e uma melhor análise delas. Assim, conduzindo a um design eficiente, prioriza espacialidade (sintático) e depois a vestimenta (semântico) do espaço. Por sua vez, as maquetes físicas de edifícios confeccionadas para o mercado imobiliário, assim como as imagens provenientes de modelos digitais, tendem a representar os edifícios completamente construídos, pois, nessa etapa – e para o público –, a espacialidade do ambiente (sintático) torna-se apenas uma parte de uma significação maior, que é a do ambiente com seus acabamentos (sintático + semântico). Metassignificações (semântico), bem como a qualidade dos materiais empregados, estilo e cores, pesam na decisão de compra – algumas vezes até mais do que a própria questão da espacialidade em si (sintático) –, da mesma forma que alguns jogadores buscam qualidade de representação gráfica em detrimento de aspectos da jogabilidade (semântica) presentes em um game.

Quando pensamos na evolução das representações digitais, especialmente focando nos consoles de videogame, desde o Atari 2600 – o primeiro console caseiro de sucesso comercial –, com gráficos simbólicos de baixa resolução, à nona geração, e seus gráficos fotorrealistas com modelos tridimensionais e texturas em alta resolução, efeitos de partículas com simulação de física, etc., é possível recorrer a uma frase de 1977 de James Barry que trata da percepção da evolução das representações do mundo a partir da arte, especificamente a pintura, e diz que: "as pessoas, então, em outras idades, viram tanto e admiraram tanto o que viram porque não conheciam nada melhor" (*apud* Gombrich, 2007, p. 11).

Essa afirmação torna-se oportuna, já que jogos como *Pitfall!* (Activision, 1982), do Atari 2600, que exigia um nível de abstração elevado para a compreensão e a crença em seu ambiente bidimensional, quando lançados, eram tidos como jogos de ótimos gráficos, pois, para a tecnologia de representação digital da época, era o mais próximo possível de se reproduzir da realidade. Dessa forma, comparar essa qualidade gráfica com a de um jogo de oitava geração de mesmo tema, como *Uncharted 3: Drake's Deception* (Naughty Dog, 2011), seria como comparar a arte icônica rupestre com as pinturas do início do Renascimento. Do mesmo modo, com o desenvolvimento de novas técnicas de representação virtual no futuro, olharemos para os jogos mais realistas da atualidade e nos daremos conta de quão longe da mimese perfeita estávamos, pois, com a introdução de novos patamares representativos, nossa exigência por melhores representações aumenta, como dito por Gombrich (2007, p. 54): "[...] ilusão se gasta uma vez que a expectativa aumenta".

Da mesma forma, vale lembrar que aquilo que hoje nos parece trivial só existe pela experiência adquirida por diversas gera-

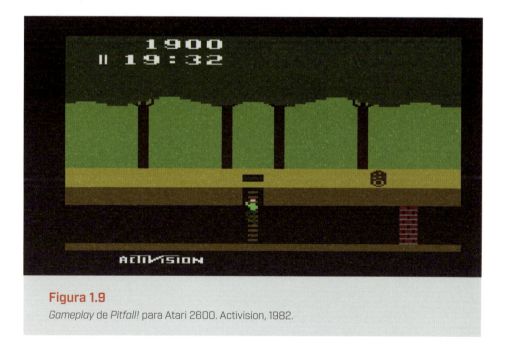

Figura 1.9
Gameplay de *Pitfall!* para Atari 2600. Activision, 1982.

ções de artistas que, por meio da tentativa e do erro, ou do esquema e da correção, conseguiram extrapolar as próprias realizações para a criação dos ambientes digitais (Gombrich, 2007, p. 271). Baseando-se em um breve histórico da evolução gráfica dos jogos, nota-se que cada revolução foi realizada apenas a partir de uma revolução anterior. No início das representações digitais dos jogos, a tecnologia da época permitia que os pixels fossem dispostos de maneira plana na tela com variações de cores – com poucos pixels, em uma espécie de pintura icônica com movimento. O game *Castle Wolfenstein* (Muse Software, 1981) surgiu com a primeira intenção de profundidade chamada de "2,5D" (duas dimensões e meia). Ao estabelecer uma perspectiva sobre um suporte bidimensional, simulava-se um ponto de fuga dentro de uma construção bidimensional, tornando a experiência dos jogos de tiro em primeira pessoa (**first person shooter** – FPS) – ou seja, a partir do ponto de vista do personagem – a mais realista até então, apesar de sua base ainda partir de desenhos em duas dimensões. A evolução da arte em 2D em games culminou em jogos que usavam fotos, por vezes modificadas digitalmente, para a representação dos cenários e personagens, como *Mortal Kombat II* (Midway Games, 1993), cujas fotos, apesar de modificadas digitalmente, deram origem aos **sprites**[8] dos personagens e contribuíram em muito para o sucesso comercial do game graças a seu realismo. Desde então, popularizam-se os jogos tridimensionais (3D), que, a princípio, apesar de estarem na perspectiva correta, pareciam mais "irreais" que os jogos bidimensionais (2D) por seus poucos polígonos e suas texturas pouco elaboradas, muito em razão da capacidade de processamento, além da técnica ainda em desenvolvimento. Eles apresentavam, assim, modelos

---

8 Elementos gráficos bidimensionais de um jogo. São os *frames* da animação dos personagens e objetos, manipulados de forma a construir o visual do jogo e a impressão de movimento.

"pontiagudos" e sem texturas, fugindo da exatidão fotográfica do estilo anterior.

A evolução da modelagem tem caminhado lado a lado com diversas técnicas que procuram garantir melhor e maior similaridade com a realidade, sempre atreladas ao desempenho computacional ou à capacidade de processamento dos consoles, de modo a entregar uma representação da realidade mais fiel que as anteriores. Assim, como nas artes estabelecidas anteriormente, a modelagem se utiliza de processos como esquema e correção, *schematas* e perspectiva, propagando o legado da história da arte na busca por uma mimese ideal.

> Mesmo com o uso de **engines** de última geração, tais como Unreal Engine 5 e Unity, o desenvolvimento de jogos fotorrealistas são muito onerosos. Muitos estúdios recorrem a uma direção de arte com um estilo mais marcado, criando visuais únicos, livres para mimetizar a realidade a gosto da equipe de desenvolvimento e necessidade do projeto.

DESENHOS TÉCNICOS E O ESPAÇO ARQUITETÔNICO

O desenho técnico, ou desenho arquitetônico, remonta historicamente ao Renascimento, quando foram adotadas formas semelhantes às dos processos que conhecemos hoje. Como vimos no item anterior, no Renascimento houve a retomada da busca pela representação fiel do mundo tridimensional (3D) a partir do desenho bidimensional (2D) – não só na pintura e na escultura, mas na arquitetura também –, além de um grande salto científico proporcionado pela procura de novas maneiras de entendimento do mundo. Entre os mestres que surgiram nesse período, temos o arquiteto e escultor italiano Filippo Brunelleschi, que, ao se deparar com o desafio de cobrir com uma abóbada, até então impossível de ser executada, a catedral de Santa Maria del Fiore, elaborou desenhos técnicos semelhantes aos encontrados hoje em qualquer escritório de arquitetura, engenharia ou canteiro de obras, conforme podemos ver na figura 1.10.

No desenho de Brunelleschi, é possível observar um corte perpendicular ao horizonte na parte de cima, tecnicamente chamado de "corte", e sua planta, que também se trata de um corte, porém paralela ao horizonte. Ambos têm as mesmas medidas, ou seja, a mesma escala, representando duas vistas do mesmo local; dessa forma, proporcionam duas visões de pontos de vista muito diferentes entre si, oferecendo um entendimento mais completo do espaço. Essa é a chave do sucesso do desenho técnico ao representar espaços no plano: na incapacidade de se exibir tridimensionalmente o espaço a partir de um único desenho, são elaboradas diversas vistas a fim de cobrir todos os pontos cegos de cada um dos demais desenhos. Assim, são exibidos todos os detalhes necessários para a execução e o entendimento daquele espaço, incluindo medidas e escalas.

Apesar de terem surgido no mesmo período, a grande e mais importante diferença entre um desenho técnico – seja um *corte*, uma *planta* ou uma *vista*[9] – e uma perspectiva cônica (conforme a figura 1.8) é a retirada do ponto de fuga. Ou seja, em um corte, por exemplo, em vez de as linhas do plano *z* se encontrarem no infinito, elas são vistas como que "do topo", e as alturas dos elementos distantes, em vez de diminuírem em proporção aos que estão perto, mantêm o tamanho real. Esse recurso gráfico tem como objetivo tornar possível medir qualquer parte do desenho

---

9 Também conhecida como fachada. Trata-se de um desenho frontal e externo de um edifício.

Figura 1.10
Desenho técnico de Lodovico Cardi a partir da catedral de Santa Maria del Fiore, de Brunelleschi. Corte e planta. 1613.

em escala real, ou seja, sem a ilusão de óptica de profundidade e a consequente distorção do desenho que temos na perspectiva cônica. Outro recurso gráfico utilizado é a pintura de uma estrutura do edifício em preto, facilitando sua identificação. Dessa forma, é possível concordar com Ulbricht (1992 *apud* Silva, 2001, p. 52), "o desenho técnico é uma linguagem de expressão gráfica que permite a transmissão de informações técnicas entre indivíduos".

Apesar dos esforços dos arquitetos renascentistas e de seus espetaculares métodos de representação, conforme observamos na figura 1.10, o desenho técnico, assim como o atual utilizado na arquitetura e em engenharias, é creditado ao matemático francês Gaspard Monge (1746-1818), formulador das regras da geometria descritiva, que normatizou as técnicas empregadas no Renascimento, uma vez que estas estavam dispersas e sem uma unificação de linguagem.

Para Petry (2003), o desenho, seja técnico ou representativo, é a linguagem, ou metalinguagem, a qual usamos para comunicar as escolhas de projeto de um objeto. Na citação a seguir, podemos ler a linguagem B como o desenho de referência, e o objeto A como o edifício ou ambiente digital.

> Supondo uma linguagem ficcional [artificial] B, que se refere a um objeto A, a esta linguagem B chamamos de "linguagem objeto", uma linguagem formal-técnica, composta de regras semântico-sintáticas, nomes, etc. A linguagem com a qual os resultados de nossas investigações são formulados designamos por "metalinguagem". Desta forma, nossa linguagem B consiste num catálogo com suas regras de uso e funcionamento nos níveis de produção de sentido, metalinguagem (Martin, 1987 *apud* Petry, 2003, p. 27-28).

Podemos nos perguntar: Qual é a real necessidade de uma unidade na representação, da criação dessa metalinguagem do desenho técnico? De fato, é de suma importância, pois, conforme os projetistas dedicavam-se exclusivamente ao projeto, distanciando-se assim de seu ambiente de execução, fazia-se imprescindível uma linguagem única para o entendimento preciso dos desenhos nos canteiros de obra e nas fábricas, para que não houvesse mal-entendidos e para que as especificações projetuais pudessem ser levadas à execução como foram imaginadas.

Ao referir-se a uma imagem modelada em uma cena 3D, Petry (2003, p. 115) escreveu:

> [...] ela se diferencia da Outra cena enquanto sonho, pelo fato de que ela é o produto final de uma construção orientada utilizando-se os princípios da modelagem tridimensional, permanecendo para a memória como uma crisálida imagética imutável, a partir de então.

Nesse caso, assim como na construção de uma cena 3D, que invariavelmente será um espaço, independentemente de seu tamanho, há um volume digital que pode ser habitado – como será discutido adiante – na construção de um projeto arquitetônico. O processo de transpor os pensamentos e sonhos a uma crisálida que pode ser consultada e nunca é esquecida, seja um desenho no papel ou no computador, é o mesmo descrito por Petry (2003), pois, ao cristalizar o pensamento, o sonho daquele espaço em um desenho, este será capaz de trazer à luz aquela realidade oculta no imaginário. Se esse desenho seguir uma metalinguagem específica, como no caso do desenho técnico, todos os conhecedores dessa metalinguagem terão acesso às mesmas informações compartilhadas pelo emissor inicial, sendo possível uma compreensão mais completa e assertiva da representação à sua frente. Ainda segundo Petry (2003), escrever e desenhar são equivalentes, pois, na escrita, descrevemos o mundo que será criado, e, no desenho, damos corpo a esse mundo. Esse pensamento também está relacionado à execução de desenhos técnicos em arquitetura e nas engenharias, pois somente com desenhos somos capazes de modelar ou construir algo, desde mundos inteiros até pequenos objetos. Por outro lado, para descrever alguns elementos desses desenhos técnicos, faz-se necessária a elaboração dos *memoriais descritivos*, nos quais constam em forma de texto as especificações que não poderiam estar contidas no desenho de maneira clara o suficiente. De qualquer forma, por melhor que seja o escritor do texto do memorial, este jamais será tão claro quanto um desenho para certos pontos, pois cada discurso tem suas próprias forças e fraquezas.

Segundo F. C. Ayer (*apud* Gombrich, 2007), o "desenhista treinado" detém uma grande variedade de *schematas* preestabelecidos e pode adaptá-los para que possam representar o mundo que ele encontra diante de si. Com essa linha de raciocínio, é possível notar no ensino do desenho técnico não só a transmissão de uma linguagem comum entre os técnicos, conforme já colocado, mas também uma gama variada de *schematas* que seguem algumas regras específicas de representação. Esses elementos qualificam o desenhista a produzir um desenho fiel à realidade (escala) do objeto, do edifício ou da paisagem que desejar.

Em 2013, fiz parte de uma pesquisa acadêmica, partilhada entre três grupos, em que investigamos a influência da pintura clássica na produção de ambientes virtuais interativos renderizados em tempo real. A obra escolhida para o estudo foi o quadro *Die Toteninsel* (*A Ilha dos Mortos*) (1880), de Arnold Böcklin (1827-1901), e fui incumbido de realizar a transposição da perspectiva presente no quadro para desenhos técnicos. Com base nesses desenhos, seriam elaborados a modelagem de uma maquete física e de um modelo digital e, no futuro, um game com a ilha de Böcklin como o ambiente para o level design.

A transposição do quadro para o projeto de um ambiente arquitetônico tridimensional é fundamental para o planejamento dos *espaços navegáveis*,[10] de modo a cristalizar as informações para a execução futura do trabalho em forma de desenhos em

---

10 Conceito introduzido por Lev Manovich, em 1998, no artigo "Navigable space", que trata dos espaços que abrigarão as ações do espectador-interator (discutido no capítulo 2).

Figura 1.11
A Ilha dos Mortos, de Arnold Böcklin (1880). Quadro de referência para grupo de pesquisa.

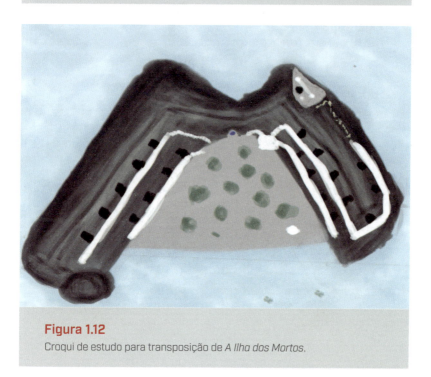

Figura 1.12
Croqui de estudo para transposição de *A Ilha dos Mortos*.

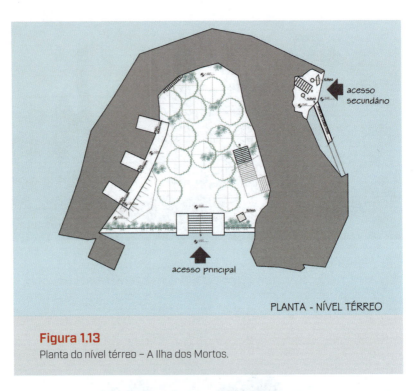

Figura 1.13
Planta do nível térreo – A Ilha dos Mortos.

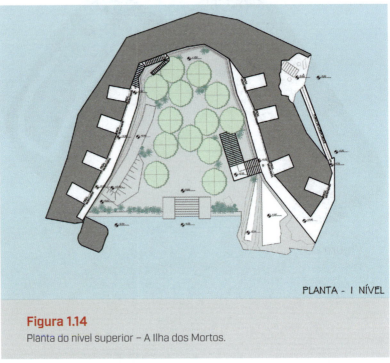

Figura 1.14
Planta do nível superior – A Ilha dos Mortos.

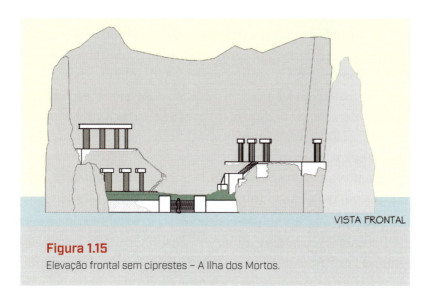

Figura 1.15
Elevação frontal sem ciprestes – A Ilha dos Mortos.

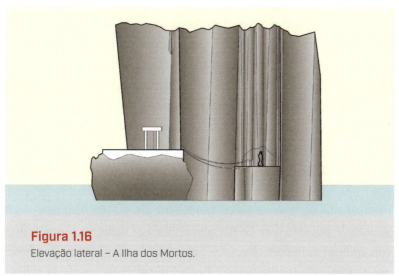

Figura 1.16
Elevação lateral – A Ilha dos Mortos.

escala, apoiando a elaboração dos ambientes. Assim, a concepção desses ambientes se concretiza antes da modelagem, com melhor entendimento e planejamento das ações, contribuindo para a atribuição de sentido dentro do espaço e nos conduzindo ao habitar.

Além de permitir uma construção racionalizada e conceitualizada (projeto de ambiente arquitetônico), o desenvolvimento da transposição arquitetônica estabelece parâmetros e uma referência fixa e homogênea para a criação dos elementos tridimensionais. Ou seja, serve de projeto para a construção dos modelos digitais, assim como os projetos arquitetônicos servem de referência às construções fáticas.

Como vimos, a transposição de um quadro, um elemento bidimensional, para um ambiente arquitetônico tridimensional consiste em um caminho reverso em relação à elaboração de uma pintura, uma vez que, ao pintar um quadro, o artista transpõe a própria percepção do mundo tridimensional para a tela, seguindo uma série de regras, entre elas, a da própria percepção do mundo (Gombrich, 2007). Nesse caminho reverso, é necessário primeiro analisar e compreender a pintura, os elementos que compõem esse espaço e que criam o ambiente proposto pelo artista. Para esta análise, o quadro *A Ilha dos Mortos* foi dividido em elementos espaciais e arquitetônicos, como *circulações verticais*, *aberturas*, *níveis*, *cheios* e *vazios*, de modo que a observação dos itens parciais pudesse contribuir para o entendimento do ambiente como um todo.

Outro ponto importante a ser superado na transposição é a reconstrução da profundidade, uma vez que as alturas dos elementos representados na tela também são distorcidas por conta do uso da perspectiva. Diferentemente dos projetos arquitetônicos, que contam com diversos desenhos em escala a partir de eixos transversais, que possibilitam medir todas as distâncias e profundidades em todas as direções, o quadro é uma referência

Figura 1.17
Reduto de Nike – A Ilha dos Mortos. Arte-conceito.

única, um único desenho que simula a junção de todas essas informações espaciais, tornando-se, assim, um desafio à elaboração de desenhos técnicos.

Para determinar a profundidade dos espaços sugeridos pelo quadro, apoiamo-nos na afirmação de Gombrich (2007) de que um objeto na escala 1:50[11] é proporcional ao resultado da observação desse mesmo objeto à distância de 50 m. Logo, definindo-se uma altura conhecida por meio de proporção e reescalonamento quanto à profundidade, foi possível estabelecer as distâncias do quadro no eixo de profundidade (z). Dessa forma, com base na **escala humana** presente no quadro – a figura de branco –, foi estabelecido que sua altura é de 1,70 m, e, partindo de sua relação com os elementos presentes na pintura, cada altura foi sendo deduzida, como a das portas dos arcabouços, das escadarias e das ruínas.

Com as alturas estimadas a cada nível de profundidade do quadro escalonado, foi possível transpor a perspectiva cônica da pintura original para uma elevação arquitetônica, que serviria de base à elaboração da então planta baixa. A maior dificuldade na elaboração dessa primeira elevação apresentou-se no momento em que a imagem foi escalonada: conforme a altura real era trazida, as larguras dos objetos não se mantinham, de modo que o desenho foi produzido a partir da altura de uma imagem e da largura do original, e somente assim foi possível fazer os níveis se encaixarem.

Dessa elevação inicial, foi elaborada a secção horizontal, ou a planta da ilha. Nessa etapa, o desafio estava em traduzir o eixo de profundidade mimetizado no quadro, uma vez que a perspec-

---

11 1:50 é a notação usada em desenhos técnicos que implica que um desenho está cinquenta vezes menor que seu original, ou seja, cada 1 m corresponde a 2 mm ou 0,002 m.

tiva pode apresentar diversas interpretações – afinal, é uma representação bidimensional de algo tridimensional. Para sanar esse problema, foi essencial a elaboração, inicialmente, das aberturas dos arcabouços, que, por suas diferenças de largura, serviram de base à especulação tanto da curvatura das paredes rochosas quanto da profundidade de onde estavam. Com base na geometria de desenhos técnicos que tinham a mesma escala, o cruzamento das linhas permitiu uma estimativa da profundidade da ilha.

Após desenhar os elementos conhecidos da pintura, como os arcabouços, as ruínas, as rochas e as escadas de acesso, a atenção se voltou para as propostas do grupo de saber o que existia nas partes ocultas da obra e, principalmente, como poderiam ser acessados os diferentes níveis do ambiente proposto na pintura. Como solução de projeto, vale lembrar que, sem a elaboração dos desenhos de transposição, essa etapa seria impossível de ser realizada. Para a modelagem da ilha, foi proposta uma escada esculpida diretamente na rocha ao fundo no lado esquerdo, e, para as plataformas do lado direito, foi sugerida uma escada alocada junto à maior ruína presente na pintura.

Após a conclusão desses desenhos, eles ficaram disponíveis à equipe de modelagem para a construção da ilha digitalmente; dessa maneira, todos contavam com uma informação uniforme a respeito do que deveria ser modelado, o que permitiu dividir tarefas e, assim, garantir a unidade do trabalho.

É possível concluir que a introdução de uma linguagem de desenho unificada – o desenho técnico – contribui substancialmente para os documentos do nível, de modo a assegurar um bom entendimento da equipe sobre o que foi planejado. O desenho é uma ferramenta de planejamento que possibilita uma interface mais clara e objetiva aos envolvidos no projeto, tanto na etapa de criação quanto na etapa de execução desses ambientes.

CENÁRIOS E CINEMA

Os cenários montados para o teatro e o cinema se baseiam em uma forma peculiar de criação de ambientes, cada um com características próprias. Enquanto os cenários de teatro têm a limitação espacial como principal condicionante, cabendo ao espectador compreender os signos ali colocados e interpretá-los como os espaços que são sugeridos, o cinema pode utilizar-se da computação gráfica e de truques de câmera para iludir o espectador e transformar o espaço limitado do estúdio de acordo com a necessidade do roteiro, como pode ser verificado nos *making of* de grandes produções, por exemplo, dos filmes da saga *Star Wars* (a partir de 1977), de George Lucas, da trilogia *O Senhor dos Anéis* (2001-2003), de Peter Jackson e de *300* (2006), de Zack Snyder.

Segundo Umberto Eco (2013), a partir de certo ponto ao longo de sua história, os filmes deixaram de representar fielmente a realidade e passaram a ser compreendidos como uma linguagem própria, que remete à realidade, mas não a representa item a item, tornando-se, assim, um *simulacro* do real. Nesse sentido, esse aspecto não se refere apenas à própria linguagem dos filmes, que desde a primeira filmagem modificou-se bastante, mas também, ainda que indiretamente, à capacidade desse simulacro enquanto uma representação da realidade e não uma emulação dela, de modo a gerar novas possibilidades de criação e, consequentemente, espaciais, conforme a discussão deste livro.

Na criação de ambientes para o cinema, deve-se sempre levar em consideração que estamos visualizando o mundo a partir de um ponto de vista não interativo. Apesar de podermos controlar se vamos adiantar ou retroceder na cronologia do filme, ainda assim não somos capazes de escolher a posição da câmera, nem de navegar por determinada cena, ficando, dessa forma, condicionados a enxergar e a compreender aquela espacialidade a partir de uma única possibilidade, a escolhida pelo diretor da produção. Apoiando-se nesse princípio básico, uma das técnicas mais usadas antes da popularização e do barateamento do custo da computação gráfica era o *matte painting* (Mattingly, 2011), que, aproveitando-se justamente do fato de a câmera estar sob o controle de quem produz a mídia e não do espectador, recorre ao posicionamento de uma armação de vidro na frente da câmera, e sobre esse vidro é aplicada uma pintura. Ou seja, desenha-se no vidro o que não há na paisagem, como um castelo sobre as águas ou um templo no meio do deserto, e, graças à ilusão de óptica desencadeada pela perspectiva da câmera e por essa pintura sobre a paisagem real, tem-se a impressão de que existe algo que não está lá.

Vale ressaltar que essa técnica faz uso de conhecimentos adquiridos em estudos de pintores e desenhistas, conforme apresentado no primeiro item deste capítulo – envolvendo inclusive o anamorfismo. Além disso, os artistas renascentistas dispunham

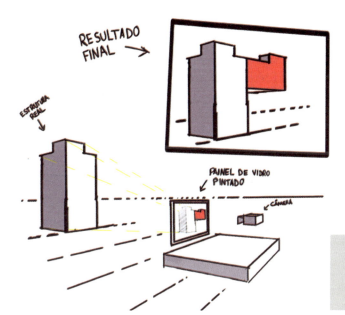

Figura 1.18
Esquema de *matte painting*.

de um instrumento parecido: um pedaço de vidro sobre uma moldura, existindo no vidro um desenho de retícula, o que tornava mais fácil para os pintores reproduzirem essa distorção ótica provocada pela perspectiva, conforme exibido na figura 1.19.

Com a popularização da computação gráfica, a técnica do *matte painting* acabou sendo substituída; no entanto, muitos de seus conceitos ainda permanecem. Um deles é o de corte seco, que exige que a junção da cena real com a virtual[12] seja feita a partir de uma linha clara, para que assim ocorra um corte rente a essa linha e, dessa forma, a junção entre o real e o virtual fique escondida. Na técnica *chroma key*, que consiste em filmar a parte real de um filme contra uma tela azul ou verde, para depois essa cor ser substituída por um fundo criado via computação gráfica ou outra cena gravada convencionalmente, esse conceito também é verificado, pois o próprio programa utilizado para executar esse efeito recorre a ele.

Mais recentemente, produções audiovisuais, como *The Mandalorian* (2019-em andamento), têm recorrido à *virtual production*, que se baseia não mais em uma filmagem contra um fundo verde, mas sim em projeções 360° que simulam em tempo real o ambiente fictício, fazendo uso de *engine* de jogos (Unreal Engine 5, neste caso). Desta forma, o *matte painting* torna-se o próprio ambiente, onde até mesmo as luzes do cenário digital já podem ser utilizadas na versão final do filme, sem a necessidade de edições demoradas na pós-produção.

A comunicação cinematográfica consiste em um suporte comunicacional audiovisual, assim como a televisão e os games – apesar de este último ter alguma interface tátil básica a partir de vibrações do controle, como veremos em detalhes no capítulo 2. De acordo com Umberto Eco, a comunicação cinematográfica é

---

[12] Não apenas elementos computadorizados recebem essa categorização, nesse caso, a própria pintura via *matte painting* é considerada virtual.

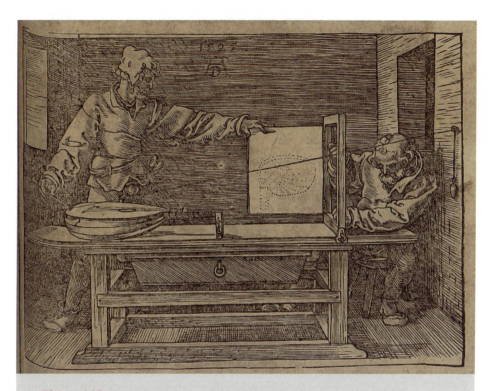

Figura 1.19
Instrumento para desenhar perspectiva no Renascimento.

"um fenômeno comunicacional complexo que põe em jogo *mensagens verbais, mensagens sonoras e mensagens icônicas*" (2013, p. 144, grifo nosso). Dessa forma, ela tem um potencial muito grande de comunicação, pois, ao utilizar-se também do suporte auditivo, além da sucessão de imagens, conforme citado, possibilita a operação de outras formas de enviar uma mensagem, como alternativa à imagem estrita, inclusive simulando o mundo fático de maneira mais crível ou mesmo mudando-o para uma versão mais apelativa. Isso pode ser visto no caso dos filmes de ficção que são capazes de construir novas e diferentes realidades, como *Daqui a Cem Anos* (1936), de William Cameron Menzies (1896-1957), *O Planeta dos Macacos* (1968), de Franklin J. Schaffner

(1920-1989) e os já mencionados *Star Wars* (1977) e *O Senhor dos Anéis: A Sociedade do Anel* (2001).

Entre outros grandes filmes que se apoiaram nos recursos audiovisuais para criar novos mundos e realidades, faz-se necessário compararmos a evolução que o cinema teve quando foi possível a inserção das falas dos personagens e/ou do narrador, além da música. Vejamos o filme *Viagem à Lua* (1902), de Georges Méliès (1861-1938), um filme mudo que, como ponto principal, recria o ambiente da Lua. Essa narrativa puramente visual, apesar de acompanhada por uma música de piano que proporciona ambientação e emoção para a história, mostra-se muito aquém das interpretações de certa forma gestualmente exageradas por parte dos atores de *Metrópolis* (1927), de Fritz Lang (1890-1976), que, ainda que 25 anos depois de *Viagem à Lua* não tivesse falas, mostrava que o cinema já desenvolvia a própria linguagem, adaptando-se para enfim chegar à linguagem praticada atualmente (Eco, 2013).

Analisando semiologicamente a linguagem fílmica, Metz (*apud* Eco, 2013, p. 140) reconhece a imagem como um *análogon* da realidade. Sendo essa imagem impossível de ser traduzida em palavras, ela se torna o próprio e intransponível signo. Poderíamos resumir, de maneira bruta, essa análise de Metz ao dito popular: "uma imagem vale mais do que mil palavras". Ao seguirmos essa afirmação, se compararmos a evolução representativa das mídias – assim como fizemos no início deste capítulo com as representações na pintura e no desenho –, podemos evidenciar uma crescente adição de elementos informativos a partir do surgimento de novas mídias, pois, se na pintura e no desenho tínhamos apenas uma imagem para comunicar uma ideia, com o cinema nossa capacidade comunicacional visual[13] foi multiplicada. Se "uma imagem vale mais do que mil palavras", com 24 imagens

---

13 Apesar da riqueza de informações trazidas pela introdução do recurso auditivo no cinema, para esta análise estamos levando em conta somente os recursos visuais.

por segundo,[14] matematicamente, uma cena fílmica de 4 segundos poderia valer quase cem vezes mais que uma única imagem. Obviamente essa reflexão matemática é falha, pois não apenas a imagem conta semioticamente, mas também a profundidade da informação nela colocada, a quantidade de símbolos e signos, e suas significações darão peso a essa mensagem, podendo uma única imagem valer mais comunicacionalmente que um filme todo (Eco, 2013). Porém, o filme, com sua capacidade de mover-se espacial e temporalmente, apesar de não livremente, conforme já exposto, tem o potencial de comunicar muito mais que uma única imagem fixa.

A unidade elementar da língua cinematográfica são os vários objetos reais que compõem um enquadramento.

(Pasolini *apud* Eco, 2013, p. 145)

Com o cinema, a habilidade de compreender o mundo a partir de uma câmera e das linguagens cinematográficas se popularizou, sendo esse mecanismo semiótico fundamental para o desenvolvimento dos games. Estes se apoiam, entre outros aspectos, nesse tipo de linguagem, por exemplo, por meio da representação do mundo a partir do ponto de vista de uma câmera, seja ela colocada como se fossem os próprios olhos do personagem, em **primeira pessoa**, seja externa ao personagem, em **terceira pessoa**. Nes-

---

14 Frequência utilizada no cinema de quadros, ou fotos, por segundo, também abreviada como FPS (*frames per second*).

se sentido, é fundamental o entendimento do grande público a respeito do ponto de vista da câmera no mundo tridimensional.

•———————•

Desde as primeiras representações do mundo, o ser humano busca por uma boa ilustração daquilo que o rodeia. Graças a estudos de artistas ao longo dos séculos, foram desenvolvidas técnicas da representação do espaço no plano, com a criação, inclusive, de uma linguagem de representação própria, o desenho técnico, amplamente utilizado nas áreas de arquitetura e engenharia por sua precisão e clareza. Como uma das representações no 2D a partir do 3D, o cinema empresta muitos conceitos da pintura, mas vai além, criando uma nova forma de representação, uma linguagem cinematográfica fundamental para a demonstração dos espaços digitais, uma vez que estes são percorridos com uma câmera virtual.

Para finalizar este capítulo, podemos concluir que, com o processo grego de esquema e correção, o conhecimento acerca não apenas da representação, mas do próprio espaço, vem se acumulando e migrando para novas mídias. Ao elaborarmos um level design, temos em nossas mãos a possibilidade de aplicar esse conhecimento ancestral, que contribui para a obtenção do resultado desejado em todos os seus aspectos.

2

Percepção espacial

Neste capítulo, apresentaremos os atores do espaço, os actantes, aqueles que agem, bem como seus modos de interação e de apreensão do espaço. Iniciaremos essa apresentação por uma análise comparativa entre o *usuário arquitetônico* e o *espectador-interator*, ambos actantes do espaço, cada qual em sua própria mídia. Mas serão eles covalentes?

Em seguida, discutiremos a relação espacial do espectador-interator ao estudarmos os conceitos de *espaço navegável*, *imersão* e *avatar*, pois eles apontam para a forma pela qual apreendemos os espaços virtuais a partir dos suportes aos quais temos acesso, uma vez que contamos com a câmera virtual como ponto de vista para a interação e a apreensão da relação espacial com determinado espaço.

Como primeiro passo para comparar e entender as semelhanças e diferenças na interação e na percepção dos mundos fático e digital, vamos analisar o modo como a espécie humana se relaciona com esses espaços.

PERCEPÇÃO ESPACIAL

A fenomenologia

O estudo dos fenômenos do mundo e de nossa reação a eles é chamado de fenomenologia. A fenomenologia é um campo da psicologia muito valioso para a análise de experiências, uma vez que observa um fenômeno baseando-se nas estruturas criadas em nossa consciência, podendo então nos ajudar a identificar as origens das reações em estudo. Portanto, abordaremos o tema proposto para este capítulo com base em uma leitura fenomenológica dos objetos de pesquisa.

Agência

A partir do momento em que existe uma interação humana em um ambiente, seja ele real ou virtual, nós, como atores (ou interatores), passamos a contextualizar aquela realidade, ou seja, nossa percepção da realidade passará a entender que também fazemos parte daquele mundo, pois temos agência naquele ambiente. Agência é a capacidade de interferir em uma realidade. Quanto mais rica a interação (espaço narrativo, jogabilidade, etc.), mais contextos podem ser modificados, indicando nossa importância naquele sistema. Por esse motivo, os jogos costumam ser tão envolventes. Da mesma forma, essa seria a base psicológica para o conceito de imersão.

Apesar de não fazer parte de nosso escopo de estudo, vale ressaltar que as redes sociais e mesmo a internet como um todo podem ser consideradas ambientes virtuais, uma vez que nós, os atores (usuários), interagimos e aplicamos nossa agência na cria-

O homem não pode, de modo algum, ser considerado como separado do mundo, no qual é um de seus actantes.

(Petry, 2009, p. 18)

ção de uma realidade paralela, um simulacro da realidade, na qual nos contextualizamos, e portanto expandimos nosso entendimento de mundo para incluir esse simulacro.

A seguir, vamos discutir as formas de atuar do ser humano tanto no mundo fático quanto no mundo virtual, a fim de traçar um paralelo entre as capacidades de atuação nesses dois universos espaciais.

USUÁRIO ARQUITETÔNICO E ESPECTADOR-INTERATOR

Para este livro, definiremos o atuante dos espaços do mundo fático como *usuário arquitetônico* e aquele que habita os espaços virtuais como *espectador-interator*. O motivo da escolha dessa nomenclatura no caso do usuário arquitetônico parece mais claro, pois está próximo a nosso dia a dia por conta de nosso conhecimento de uso dos espaços desde que nascemos, de modo que sempre fomos um usuário arquitetônico. Sendo a arquitetura a arte de organizar (ou projetar) os espaços, o usuário arquitetônico é aquele que faz uso ou habita o espaço organizado por ela, e disso surgiu o nome usuário arquitetônico.

No caso do espectador-interator, não adotaremos o termo *player* ou jogador, pois essa análise pode ser abrangente para qualquer tipo de ambiente digital interativo, como instalações de arte digital, realidade aumentada (AR, do inglês *augmented reality*), modelos digitais arquitetônicos, e também simulações, pré-visualizações arquitetônicas e experiências em realidade virtual (VR, do inglês *virtual reality*).

Para facilitar a compreensão do nome escolhido, separamos a explicação do conceito em duas partes, a seguir.

A primeira diz respeito à palavra "espectador", ou seja, aquele que assiste e que por meio dos sentidos recebe os estímulos do ambiente virtual. A segunda parte refere-se à palavra "interator", isto é, aquele que interage, que modifica. Essas interações com o mundo virtual são hoje feitas por meio de um dispositivo de entrada, como um controle, um mouse, um teclado, um controle de movimento, etc., o que possibilita, assim, a interferência do indivíduo em um ambiente digital, modificando-o na medida do permitido.

Considerando que qualquer interação virtual está restrita às regras criadas por seus idealizadores (**game designers** e **level designers**), o game pode ser entendido como uma espécie de instalação interativa digital. Esta permite, por ter um caráter tridimensional,[1] experiências além da estática de observar uma obra de arte, as quais se baseiam na variação de espaço no tempo. Ou seja, ao se deslocar, o visitante compreende aquele espaço e vive uma experiência interativa.

A pesquisadora Daina Domingues (2000 *apud* Petry, 2009, p. 4) define obra interativa como aquela que só tem existência, ou sentido, quando ativada e modificada em tempo real. Essa definição nos permite observar uma característica presente não apenas nas instalações, mas também em qualquer ambiente digital navegável e na arquitetura tradicional, uma vez que todas tratam de ambientes interativos, pois permitem a mudança de elementos de lugar, a abertura de portas e janelas, a mudança de iluminação e a movimentação por esses espaços. Mais uma vez, deve-se salientar a importância da movimentação no espaço como talvez a principal forma de interação em um ambiente, pois, quando nos movemos, estamos modificando em tempo real a

---

1 Para Ilya Kabakov (1995 *apud* Manovich, 2001), a experiência de se movimentar por um ambiente é o que cria a experiência de uma instalação artística. Extrapolando esse conceito, podemos dizer que o simples ato de explorar um ambiente em um game pode ser considerado uma experiência artística.

percepção daquele espaço, de modo que, a cada novo passo, revelamos elementos antes ocultos pela perspectiva.[2]

Experiência no espaço

Uma vez que entendemos que nossa percepção espacial, ou entendimento do ambiente, se altera de acordo com nosso desenvolvimento no espaço, fica fácil identificar o potencial do ambiente como condutor narrativo do jogo.

O espaço como forma de narrativa vem sendo usado em diversos games, como em *The Last of Us* e no **MMORPG** *Ultima Online* (Electronic Arts, 1997), sobre o qual o designer Richard Garriott (1997 *apud* Manovich, 2001) definiu a espacialidade como ponto fundamental da história. Segundo ele, para a elaboração da narrativa, foram considerados como pilares fundamentais o mundo e a mensagem, e os personagens existiriam apenas para dar sentido aos dois pilares. Sendo assim, a percepção do espaço carrega a mensagem ao usuário-interator, que só por meio da exploração do espaço irá compreender a história daquele novo ambiente.

Segundo Manovich (2001, p. 31, tradução nossa):

> O espaço digital também é um espaço para o morador humano, algo que pode ser atravessado pelo usuário, que traz sua própria percepção antropológica de horizontalidade e verticalidade [...] a horizontalidade do plano do piso e a horizontalidade e verticalidade das dimensões do corpo humano.

Apesar das semelhanças entre a experiência do usuário arquitetônico e a do espectador-interator, suas diferenças existem,

---

[2] Essa relação de movimento e descobrimento está diretamente ligada ao estudo e à aplicação de *sightlines* em jogos.

principalmente, por conta das características presentes nas mídias às quais estão sujeitas: o mundo fático e o digital. Assim como uma imagem digital não necessariamente representa de modo fiel o mundo real (Lemos, 2008 *apud* Petry, 2009, p. 5), mas é um simulacro, uma aproximação digital do mundo real, os espaços digitais também não precisam e não intencionam mimetizar o espaço fático[3] em sua totalidade. Com exceção dos jogos de simulação, que buscam uma aproximação 1:1 da experiência real em relação ao jogo, os espaços virtuais contam com a liberdade de alterarmos quaisquer aspectos da realidade para tornar a experiência mais interessante. Imagine que para construir um edifício em um jogo, o level designer deva levar em consideração o peso de cada peça da estrutura; ou que, em um jogo, o personagem principal tenha a mesma resistência física que uma pessoa normal; ao subir três lances de escadas, esse personagem teria que descansar por alguns segundos antes de poder prosseguir, pois está sem fôlego; ou, ainda, que em um simulador de corrida, para reiniciar a volta, o jogador precise guiar o carro até a linha de chegada. Essas não parecem experiências muito engajantes; por esse motivo, o simulacro se torna vantajoso, pois, em vez de emular toda a realidade, podemos focar nos aspectos que tornam a experiência agradável e ignorar os detalhes que não a melhoram.

Ainda comparando o uso de espaços no mundo fático e digital, vamos pensar por um momento nas utilizações de um balcão de cozinha. No meio fático, ele tem diversas funções, desde aparar objetos, servir de apoio para o preparo de alimentos, até delimitar um ambiente, como uma espécie de barreira segregadora e organizadora do espaço. Já um balcão em um ambiente digital, especificamente nos games, pode não dispor de todas ou

---

3 Aqui excluímos os casos de imagens fotorrealistas utilizadas em *stands* de vendas, as quais têm como objetivo aproximar-se o mais fidedignamente possível do futuro edifício a ser construído, de modo que o comprador visualize o edifício concluído.

mesmo de nenhuma das funções citadas. Então, de que forma seria possível estabelecer um paralelo de uso desse elemento, ou demais objetos, entre os actantes do espaço?

Apesar de muitos jogos aproveitarem o balcão de cozinha apenas como um *asset* (ou elemento constituinte) de jogo,[4] caso brinquemos de esconde-esconde nesse ambiente fático onde está o balcão, podemos utilizá-lo como um esconderijo, da mesma forma como o utilizaríamos dentro de um jogo digital para nos ocultarmos ou abrigarmos de algum inimigo, por exemplo. Dessa maneira, quando inserido no *círculo mágico*,[5] este transforma a percepção do espaço convencional para as possibilidades oferecidas em termos de "abrigar-se em um esconderijo". Ou seja, mesmo com as diferenças, caso aplicadas as mesmas necessidades de utilização para ambas as mídias, elas se tornam equivalentes do ponto de vista de importância para o actante. Em síntese, podemos dizer que a relevância da relação entre objetos virtuais e reais não está na forma pela qual usamos um objeto específico, mas no fato de utilizarmos o objeto em determinado espaço, dando assim um sentido a ele e, por usar/agir, nos inserindo naquele espaço.

Aristóteles discutiu o conceito de "fé num mundo estável" (*apud* Gombrich, 2007, p. 230), a partir do qual se pressupõe que nós fazemos nossas "adivinhações" do mundo, em relação a no-

---

[4] Outros jogos utilizam o balcão com a mesma função da vida real, como *The Sims* (Maxis; The Sims Studio, 2000) e *The Elder Scrolls V: Skyrim* (Bathesda Game Studios, 2011).

[5] Ideia de um sistema fechado e circunscrito separado do mundo real, de modo que, nos momentos em que está sendo utilizado, as regras que passam a valer são aquelas inerentes ao círculo, ou seja, as regras daquele jogo específico (Salen; Zimmerman, 2003, p. 95 *apud* Ferreira; Falcão, 2016, p. 76).

vos objetos ou ambientes, com base em conceitos adquiridos por observações anteriores em nossa experiência. Dessa forma, fica evidente que as pessoas carregam expectativas de interação fundamentadas em experiências anteriores com jogos e com ambientes reais. Por conta desse comportamento, faz-se de extrema importância transmitir as informações e as regras de interação referentes aos ambientes criados para os games, de modo que o jogador venha a ser ensinado sobre as regras específicas de interação naquele ambiente, uma vez que ele tem regras próprias, ainda que semelhantes às do mundo fático.

Ao referir-se à arquitetura, Eco (2013, p. 191) afirma que:

> [...] uma vez ciente de que a escada me estimula a subir (e me permite passar de um nível horizontal a outro), passo a reconhecer, desse momento em diante, na escada o estímulo proposto e a possibilidade oferecida de uma função exequível.

No level design, costumamos utilizar essa forma de significação rotineiramente, criando uma espécie de linguagem e diálogo entre o level designer e o jogador a cada introdução de elementos, regras e funções não experienciadas anteriormente pelo jogador. No jogo *The Legend of Zelda: Ocarina of Time* (Nintendo, 1998), por exemplo, uma parede rachada representa uma passagem escondida. Ao ser ensinado sobre a possibilidade de remover a parede para acessar uma sala contendo um tesouro, naturalmente o jogador irá reconhecer em cada parede rachada um signo, um estímulo oferecendo a chance de conseguir um tesouro. Essa relação de signo representando uma ação específica, tornando reconhecível a função de um objeto ou uma construção, aparece em diversos jogos, muitas vezes simbolizando não apenas passagens para novas áreas, conforme o exemplo dado, mas utilidades como salvamento do progresso e recuperação de pontos de vida.

Nesse exemplo da parede, podemos ver em ação dois conceitos importantes dos jogos (mais especificamente de level design). O primeiro a ser destacado é a criação de um significante, ou **signifier**, por meio da rachadura na parede. Ao tornar constante a regra "parede rachada + interação com bomba = acesso a nova área", foi criada uma linguagem, uma significância para aquele símbolo, que de agora em diante será entendido pelo espectador-interator como uma indicação de uma possível ação.

O segundo conceito é o de pregnância ou **affordance**. Ao notar uma parede rachada, e em posse de uma bomba, o jogador, ciente do resultado de uma possível interação com a parede, naturalmente concluirá que deve usar a bomba na rachadura. Da mesma forma que o jogador saberá que uma chave abrirá uma porta, ou que é preciso atirar em um barril vermelho, pois essas são ações que fazem sentido para o nosso inconsciente e em alguns casos viram parte da linguagem de games, entre os desenvolvedores e os jogadores.

Portanto, tanto para o usuário arquitetônico quanto para o espectador-interator, é fundamental que o ambiente no qual estejam inseridos, seja ele fático ou virtual, ofereça a possibilidade de interação com o meio, de modo que possam aprender a utilizar os elementos espaciais da forma pela qual devem ser utilizados, enriquecendo a relação homem × espaço em ambas as mídias.

ESPAÇO NAVEGÁVEL, IMERSÃO E AVATARES

Com conhecimento sobre a interação do ser humano com o espaço, seja ele fático (com usuário arquitetônico) ou virtual (com espectador-interator), vamos agora verificar os mecanismos presentes na relação homem × máquina que tornam possível uma análise da relação com o espaço, pois, como vimos, habitamos o espaço uma vez que interagimos com ele.

Aqui, vamos abordar sucintamente três conceitos, visto que foram explorados de maneira bem aprofundada por diversos autores, alguns inclusive mencionados neste livro. Buscaremos, porém, relacionar alguns dos pontos expostos por eles ao tema central deste trabalho: a vivência no espaço. Trabalharemos os conceitos de *espaço navegável*, *imersão* e relação dos *avatares* com o espaço, mas, antes de iniciarmos, faz-se necessário compreendermos a forma de interação homem × máquina, concretizada na maior parte dos espaços digitais e especialmente nos games.

Os computadores, de maneira geral, utilizam interfaces de entrada e saída, sendo as primeiras responsáveis por receber os comandos do espectador-interator e traduzi-los em sinais que podem ser processados pelo computador. O computador processa a informação e devolve aquele mundo virtual modificado a partir das alterações recebidas por um dispositivo de saída – no caso dos games, imagens, sons e vibrações.

Nos games, os dispositivos de entrada costumam ser os controles ou *joysticks*, que contam com diversos formatos, botões e alavancas de controle. Outros equipamentos como o Kinect, da Microsoft, aparelhos celulares ou o Nintendo Switch, da Nintendo, aceitam comandos gestuais, porém enviam um sinal a um computador que vai processá-los como um *input*. Já os dispositivos de saída são constituídos de televisores e monitores, óculos VR, caixas de som e fones de ouvido, além do recurso de vibração dos controles, representando assim o resultado do processamento do *input* em imagem, som ou vibração (*outputs*) e permitindo a interação homem × máquina.

É pensando nessa interface predominantemente audiovisual que são criados os ambientes digitais, os espaços nos quais o indivíduo pode interagir e navegar.

A influência do cinema

Se comparados ao cinema, os jogos digitais têm um incremento comunicacional: a interatividade, graças à interface de duas vias, homem × máquina/máquina × homem. No cinema, nos deslocamos no espaço em um trajeto único e imutável; já nos games e ambientes navegáveis, podemos escolher qual trajeto a câmera/avatar irá fazer, o que nos possibilita a exploração dos espaços, proporcionando uma experiência espacial mais rica que a do cinema.

> **Um espaço virtual 3D combinado a um modelo de câmera que o percorre é um modo aceito amplamente de se visualizar uma informação.**
>
> (Manovich, 2001, p. 249, tradução nossa)

A partir do momento em que os espaços virtuais tridimensionais foram possíveis em games, muito da linguagem do cinema foi tomado de empréstimo para uma representação do mundo, em especial a relação entre a câmera e o ambiente. Sendo pelo menos 55 anos mais antigo que os games, o cinema acabou desenvolvendo antes uma linguagem própria enquanto mídia, de modo que determinou os modelos de representação, entendimento, visualização e deslocamento nos espaços apoiando-se em uma interface audiovisual. Dessa forma, construiu uma base sólida de referência para a interface e para a significação da navegação e da transposição dos espaços virtuais nos games.

Para criar uma ambientação digital que transmita a espacialidade ao jogador, além do sentido da visão, os desenvolvedores utilizam-se também de efeitos sonoros que contribuem para que o jogador se sinta inserido em um ambiente de modo mais contundente. Conforme Sousa (2012), o som espacializante pode produzir a sensação de estarmos em um ambiente. Isso é possível pelo uso de equipamentos como fones de ouvido e *home theaters*, que empregam um sistema *surround* no qual o som é gerado a partir de fontes virtuais ao redor do espectador-interator, variando de intensidade e frequência e dando a sensação de uma ambiência digital. Essa espacialização do som foi trabalhada pelo violoncelista Yo-Yo Ma no filme *Bach Cello Suite #2: The Sound Of Carceri* (1997), dirigido por François Girard, em que se buscou reproduzir a forma pela qual o som se propagaria dentro das prisões imaginárias desenhadas pelo arquiteto Giovanni Battista Piranesi (1720-1778), captando a espacialização e o espírito desses locais e transpondo-os para a música do violoncelo.

Se analisarmos o processo de Yo-Yo Ma, ele é bastante semelhante ao de criação de espaços digitais nos games, uma vez que ambos partem de uma **arte-conceito** – no caso do filme do musicista, os desenhos de Piranesi. Com base na arte-conceito o espaço é construído: para os games, utiliza-se uma ferramenta de modelagem; para o filme *Bach Cello Suite #2*, um engenheiro especialista em acústica efetuou todos os cálculos para a simulação sonora espacial, com um resultado bastante interessante.

A câmera e a percepção do espaço

Introduzido por Manovich em 1998, o conceito de espaço navegável, seja ele adimensional, como um site ou pastas de arquivos, bidimensional ou tridimensional, como em um jogo, por exemplo, trata da questão da navegabilidade dos espaços digi-

O espaço navegável pode representar lugares fáticos e abstratos, tornando-se assim um paradigma das interfaces humano-computador.

(Manovich, 2001, 249, tradução nossa)

tais, ou seja, a capacidade de esses espaços serem transpostos e, por consequência, serem entendidos por aquele que os transpõe.

No caso dos games, há duas formas de visualizar uma navegação no espaço: a primeira, por meio de uma câmera, na altura dos olhos, que simula a visão que o jogador teria naquele espaço, chamada de *primeira pessoa*; a segunda, por uma câmera externa ao corpo digital do jogador, podendo ser estática ou móvel, chamada de *terceira pessoa*. Essa visualização faz-se fundamental para a compreensão do espaço, pois, assim como no cinema, a partir do posicionamento da câmera, é possível transmitir mensagens ao espectador-interator. No filme *E.T., o Extraterrestre* (1982), de Steven Spielberg, por exemplo, a câmera posicionada na altura de uma criança colabora com a história a ser contada; o jogo *The Last of Us*, por sua vez, utiliza uma câmera em terceira pessoa na altura dos personagens, de maneira a humanizar a visão do jogador, que se coloca ao lado dos personagens, enfrentando, visualizando e transpondo aquele mundo a partir do mesmo ponto de vista.

Outro ótimo exemplo de como a mudança do posicionamento da câmera ajuda na narrativa e na percepção do jogo como um todo é o da série *God of War* (Santa Monica Studio, 2005). Nos jogos ambientados com elementos da mitologia grega, a câmera está posicionada no alto, de modo que o jogador tenha uma ampla visão dos cenários. Essa escolha de câmera foi ideal para esses jogos, pois, além de ajudar a entender onde estão os inimigos, com eles mais distantes podemos presenciar a diferença de escala entre Kratos (protagonista da série) e a arquitetura dos deuses que o rodeiam. Nos primeiros títulos da série, Kratos é apenas movido pela vingança e representa uma força do caos no jogo, de modo que, ao incorporá-lo, a partir de uma câmera distante, também nos distanciamos da psiquê do personagem e o enxergamos como alguém a ser controlado. Para a edição de 2018, que envolve a mitologia nórdica, o diretor criativo decidiu alterar a direção do jogo, mantendo a violência e a ação das primeiras edições, mas dando grande importância aos aspectos psicológicos e à relação entre os personagens. Com essa mudança de foco, também ocorreu uma mudança de câmera, agora por cima dos ombros de Kratos, de modo que os jogadores, ao acompanhar a jornada da perspectiva do herói, acabam se conectando mais com os personagens. De certa forma, estes foram humanizados pelo ponto de vista adotado na história, que nos situa como se fôssemos integrantes do grupo.

O avatar

A referência corporal do espectador-interator dentro dos jogos é chamada de *avatar*. Essa palavra, que vem da crença hindu, denomina a corporificação de uma divindade, ou seja, uma divindade toma o controle de um receptáculo (uma estátua, um animal ou uma pessoa), de modo muito semelhante ao que ocorre nos jogos. No caso dos games, podemos considerar um avatar a representação gráfica do corpo do jogador dentro do universo digital, a transposição de sua consciência para esse novo meio, tornando-o diferente dos demais corpos representados ali.[6]

---

6 Definição com base na conversa entre L. C. Petry e Santaella (Petry, 2003).

A importância do avatar, do ponto de vista espacial, está ligada diretamente ao conceito de escala humana. A escala humana, na arquitetura, serve como um referencial da proporção e da escala dos demais elementos no desenho. Uma vez que os seres humanos têm uma altura média conhecida empiricamente pelo espectador, este poderá ter uma noção das dimensões dos elementos que rodeiam essa referência. Igualmente, pelo fato de o avatar se tratar da representação digital do corpo do espectador-interator, este obtém uma noção da espacialidade que o circunda, sendo esse entendimento fundamental para a percepção e a vivência nesse tipo de ambiente, uma vez que representa a relação do corpo humano com o todo. Essa aplicação de referência de escala para o avatar funciona mesmo que este não seja antropomorfo (semelhante à forma humana). Por exemplo, ao dirigir um carro, o condutor aos poucos se acostuma com o tamanho do veículo, como se fosse o automóvel uma extensão da própria espacialidade, de modo que consegue adaptar-se e deslocar-se normalmente. Da mesma forma, nos jogos, nos adaptamos com naturalidade às habilidades e à escala do avatar, tenha ele a forma humana, de animal ou de um objeto.

Segundo Heidegger (2008, p. 16), a escultura ocupa o espaço de maneira a confrontar o espectador, uma vez que divide o espaço com outros elementos, entre eles o próprio sujeito que por aquele espaço navega. Os avatares também apresentam a característica de ser uma espécie de escultura com o fim de ocupar ou preencher um espaço, emulando o mesmo espaço que seria preenchido pelo jogador naquele ambiente. Dessa forma, dentro de um espaço digital, esteja o sujeito representado por um avatar ou a partir da visão em primeira pessoa, considerando qualquer objeto modelado digitalmente como uma forma de escultura, este ocupa e divide os espaços com essa representação espacial do sujeito espectador-interator. Intervindo diretamente em sua percepção espacial, podemos afirmar que a relação avatar × espaço é equivalente à relação corpo × espaço no mundo fático. Essa constatação, de certa forma, ecoa Petry:

> [...] a imersão espaciotemporal que o sujeito humano experimenta na era da técnica digital pode ser entendida como a estruturação de ambientes arquitetônicos que dão acolhimento ao sujeito da navegação. (2009, p. 7)

Esse acolhimento não se refere ao físico como na arquitetura fática, mas à nossa percepção de realidade e espaço, à nossa consciência que habita aquele espaço digital.

No estudo da arquitetura, o espaço navegável (vazios) é tão importante quanto a construção em si (cheios), uma vez que, apesar do caráter físico, estético e de proteção do mundo externo estarem presentes nos elementos sólidos da construção, é nos vazios, ou seja, nos espaços navegáveis, que é dada a vivência dos ambientes. Quando tratamos de level design, isso não é diferente, pois, se os modelos servem como representação de mundo e bloqueio do avanço do jogador para além do limite do jogo, é nos espaços navegáveis entre os modelos que ocorrem as atividades.

Manovich (2001, p. 262-263) afirma que o espaço digital também é um espaço para o *morador humano*, pois pode ser atravessado, e dessa forma experienciado, em sua horizontalidade no "plano do piso" (principal eixo de deslocamento cotidiano) e pelas proporções do corpo humano. Essa interação humano × digital sempre possibilitou o *morar* de nossa percepção, pois essas interações, sejam por meio de páginas na web ou por ambientes digitais, são, em último caso, projetadas para o uso humano.

Imersão

Assim como a navegação dos espaços só é permitida a partir de uma interface de duas vias em relação ao computador, a imersão também depende dessa interação homem × máquina para ocorrer. Porém, se para que haja navegação dependemos apenas de uma boa interface, para haver imersão é necessária também uma coerência dentro do ambiente. Dessa forma, podemos nos deixar levar pela experiência e existir dentro do ambiente digital.

> **O ambiente virtual imerge o usuário nas visões, nos sons e na tatibilidade específicos a aquele ambiente. A imersão cria a sensação de se estar presente no mundo virtual, a sensação que vai muito além das entradas e saídas físicas.**
>
> (Heim, 1993 *apud* Sousa, 2012, p. 33)

A imersão, também chamada de presença ou telepresença, é definida por Steuer (1993 *apud* Sousa, 2012, p. 33) como "a experiência de presença em um ambiente disponibilizado através de um meio de comunicação". Para este livro, adotaremos o termo "imersão" ou "presença" para nos referirmos à sensação de nos sentirmos presentes em algum lugar no qual não estamos fisicamente.

O fato de a imersão necessitar de uma coerência, sendo a falta desta chamada por Brady (2012, p. 5) de *dissonância*, pode ser explicado por meio do fenômeno da **suspensão voluntária de**

descrença.[7] Quando assistimos a um filme, lemos um livro, uma história em quadrinhos ou jogamos um jogo, decidimos voluntariamente acreditar que aquilo que estamos assistindo/interagindo é real e nos envolvemos com os acontecimentos. Se você já se assustou com uma cena de terror ou chorou pela morte de um personagem, você já experienciou a suspensão voluntária de descrença.

Isso significa que a imersão só se torna possível a partir do momento em que o espectador-interator se deixa acreditar nessa segunda realidade que se apresenta em sua frente, e a quebra desse estado de suspensão voluntária de descrença impossibilita o estado de imersão. Entre os possíveis motivos que podem provocar essa quebra estão situações em que há mudança indevida no mundo, como texturas mal aplicadas, proporções estranhas, falta de coerência em um level design específico em relação ao restante do game ou mudança em algum mecanismo de *gameplay*. Mudanças como a incoerência de um som ou um problema com as regras da física específicas do jogo, lembrando que estas podem ser diferentes das do mundo fático, ou qualquer inconsistência entre a parte e o todo, pode ser a causa da quebra da imersão.

Realidade virtual

A definição de realidade virtual (*virtual reality* ou VR) pode ser atribuída a Steuer (1993 *apud* Sousa, 2012, p. 40), que afirma que, "quando há uma experiência imersiva, atribuída ao uso de tecnologia, há a criação de um espaço, onde o emissor e receptor se encontram, definido assim como realidade virtual". Estudos e pesquisas relacionados à VR abarcam desde o entretenimento,

---

[7] Conceito discutido por Samuel Taylor Coleridge em *Biographia Literaria*, obra de 1817. O autor complementa dizendo que esta constitui a "fé poética".

como para jogos eletrônicos, a treinamentos em ambientes onde a simulação analógica não é possível, por exemplo, em locais inóspitos e pouco acessíveis como o espaço. Com a tecnologia VR que vem sendo introduzida por grandes empresas, podemos esperar mais desenvolvimento nessa área e cada vez mais inserção dessa mídia em nosso dia a dia. Geralmente, os dispositivos de realidade virtual oferecem uma tela para cada olho, e cada tela recebe uma **renderização** de uma câmera em ângulo diferente de outras, criando, assim, a sensação de estereoscopia, que permite a leitura de uma profundidade virtual.

No momento em que este livro é escrito, as tecnologias VR já estão sendo empregadas para usos comerciais fora do âmbito do entretenimento, por exemplo, por arquitetos para uma melhor visualização de suas obras. No processo de venda de um projeto a um cliente, a VR tem se mostrado uma ferramenta de fácil entendimento ao público, pois tem uma interface muito semelhante à forma pela qual estamos acostumados a entender os espaços tridimensionais no mundo fático, já que, diante de uma imagem renderizada em 2D, exige-se do usuário um esforço para traduzi-la como imagem espacial e imaginar-se explorando – na VR, basta navegar pelo espaço.

A principal barreira para a VR ainda é o processamento das imagens, pois, tendo que renderizar o dobro de quadros por segundo (um para cada olho), ainda são comuns dores de cabeça e

> [...] o intuito é de prover a sensação de presença em ambientes fora de alcance, uma espécie de extensão sensorial.
>
> (Biocca, 1992, p. 24 *apud* Sousa, 2012, p. 17)

tontura em consequência do *delay* entre o *input* (movimentos da cabeça) e o *output* (renderização na tela).

Quanto ao level design, algumas diferenças devem ser levadas em consideração. Diferentemente de uma tela convencional, em geral, na VR estamos posicionados no mundo a partir do ponto de vista do personagem principal, em primeira pessoa. Se por um lado a imersão ajuda o design, por outro, a movimentação do personagem pode causar confusão no jogador, uma vez que movimentos bruscos, como o teleporte presente na versão VR de *Fallout 4* (Bethesda Game Studios, 2015), chegam a desnortear os jogadores por refletirem algo ligeiramente diferente da experiência cotidiana. Em jogos como *Moss* (Polyarc, 2018), apesar de controlarmos o personagem principal, temos uma visão em terceira pessoa. Da forma como o jogo foi pensado, o jogador tem uma visão fixa a cada nova etapa dos levels, ou seja, insere-se no ambiente, interage com os elementos manualmente e com o avatar, mas um pouco distante da ação e fixo no lugar. Essa abordagem tende a ser menos cansativa e confusa para o usuário, pois conta com uma visão geral do level e não se move pelo ambiente como em um cenário fático. Seu lado negativo é a óbvia perda da movimentação em visão de primeira pessoa, talvez o maior diferencial proporcionado pela tecnologia VR.

Neste capítulo, evidenciamos a relação entre os actantes do espaço, seja virtual ou fático, e os conceitos de espaço navegável, imersão e avatares, uma vez que esse espaço só passa a ser habitado plenamente pelo sujeito desde que possa ser navegado. Essa navegação é apoiada por uma representação do sujeito no mundo, um avatar, que pode estar configurado do ponto de vista em primeira ou em terceira pessoa, e somente graças a um trabalho coordenado de construção do espaço e de navegação do sujeito é que se torna possível a imersão, que transporta a consciência de mundo para um simulacro digital.

Dessa forma, podemos dizer que, para garantir as necessidades do sujeito nesses espaços, os estudos e a elaboração do level design devem permitir maior fluidez na navegação, usabilidade e interatividade precisas, e, por fim, uma imersão ou presença mais pregnante. É preciso, portanto, tempo e organização para que esse objetivo seja alcançado.

3

Paralelos espaciais entre arquitetura e level design

Neste capítulo, exploraremos a proximidade entre a arquitetura fática e o level design, colocando-os lado a lado por meio, inicialmente, do estudo de caso de um jogo. Logo depois, abordaremos essa questão com uma análise bibliográfica de textos oriundos dessas duas áreas do conhecimento e que compartilham um ponto central: o espaço como um ambiente tridimensional que o homem pode habitar e no qual pode desenvolver suas atividades. Dessa forma, propomos uma reflexão sobre esses dois tipos de espaço e a elucidação de suas semelhanças em relação ao seu uso pelo indivíduo.

ESTUDOS DE CASO

Para o estudo de caso, foi escolhido o jogo *The Last of Us*, do estúdio Naughty Dog. Essa escolha deve-se ao fato de esse título ser um sucesso de público e crítica, tendo ganhado diversos prêmios, como o de melhor jogo de 2013 pelo Game Developers Choice Awards, além de contar com ambientes baseados em locais reais – suas regras básicas de deslocamento são as mesmas do mundo fático – e de ter uma documentação pública e detalhada sobre o desenvolvimento dos ambientes, a qual foi consultada para este capítulo.

Imagine-se em um lugar inóspito, uma cidade abandonada há mais de vinte anos, onde a natureza, sem a intervenção do homem, está retomando seu território há muito ocupado por construções. Porém, em meio a esse cenário que combina o abandono abrupto das grandes cidades com a beleza da natureza reocupando esses espaços, temos o motivo dessa fuga em larga escala: um fungo que transforma pessoas em seres violentos e irracionais. Esse é o conceito por trás dos níveis criados para *The Last of Us*: a dicotomia entre lugares paradisíacos surgidos a partir da queda da sociedade como a conhecemos hoje e o perigo desse novo cenário.

Tem algo realmente bonito na natureza retomando seu domínio, uma vez que nós partimos.

(Neil Druckmann em *Wasteland Beautiful*, 2013)

A narrativa do jogo gira em torno da queda da sociedade atual provocada pelo surgimento de um fungo que transforma as pessoas em uma espécie de zumbi, agressivo e rápido. Nesse contexto, a maior parte das ocupações humanas é abandonada, e a civilização restante resguarda-se em pequenas fortificações geridas e protegidas pelo exército, muitas vezes presentes nos arredores ou nas periferias das cidades. A estética da ambientação foi conduzida de modo a valorizar a beleza do esvaziamento dos centros urbanos e da deterioração dos monumentos do dia a dia da humanidade, desde os mais básicos, como a habitação, e preencher uma paisagem em transposição do cinza do concreto ao verde da natureza que, ao mesmo tempo, mostra-se árida e cheia de vida.

Além dos níveis que apresentam uma beleza de caráter bucólico, de certa forma até paradisíaco, apesar de surgirem inimi-

> O mundo foi tratado como um personagem. O que acontece vinte anos depois da queda dos humanos, quando ninguém mais cuida de nada?
>
> (Phillp Kovats em *Wasteland Beautiful*, 2013)

gos e desafios, há outros obscuros, cujo intuito é o de criar tensão. Esses ambientes costumam ser locais onde a luz do sol não consegue penetrar, como estações de metrô, subsolos de edifícios e canais de coleta de água pluvial. Esses níveis são repletos de inimigos, normalmente de infectados, o que torna a experiência ainda mais tensa.

Nesse ponto, cabe analisarmos o ambiente não apenas por sua estética, conforme colocado no parágrafo anterior – que, por si só, cria a expectativa de perigo por apresentar ambientes pouco confortáveis –, mas também pelo level design, segundo conceitos ligados à sobrevivência humana em um ambiente, como os apresentados por Grant Hildebrand (1999).

Os ambientes do jogo foram criados para explorar temores humanos primordiais, como a falta de visibilidade a longa distância proporcionada pela escuridão. Apesar de o jogador não ser capaz de enxergar com amplitude na pouca luminosidade desses níveis, pois conta com apenas uma lanterna, seus inimigos conseguem, uma vez que utilizam um sistema de ecolocalização como o dos morcegos. Dessa forma, o ambiente por si só nos coloca em posição de desvantagem, e nos sentimos ameaçados como seres dominantes do espaço. Essa dominância espacial, inclusive, é reforçada pela estratégia predominante nesse tipo de level, segundo a qual o jogador, para evitar um confronto desnecessário com uma grande horda de inimigos, tende a se esgueirar pelos elementos do cenário sem ser detectado, enquanto os inimigos ocupam o espaço percorrendo-o em uma ronda em busca de alimento – no caso, o jogador. Dessa forma, o level design coloca o jogador no papel de presa nesse ambiente. Portanto, mesmo o jogador possuindo recursos suficientes para enfrentar os inimigos, a forma como o level se apresenta, com condições ideais para a localização de um esconderijo e um avanço silencioso pelo ambiente, levando em consideração a desvantagem da limitação visual imposta pela escuridão, sugere a furtividade como estratégia dominante e, assim, rege o modo como o jogador irá interagir com esse mundo.

Assim como Manovich (2001) destaca que um dos grandes diferenciais do jogo *Myst* (Cyan, 1993) é seu level design variado que torna a experiência mais rica, *The Last of Us*, apesar de baseado em locais reais, exibe diversos níveis, e, ainda que as regras básicas sejam iguais, principalmente em relação ao modo de navegar, na maior parte do tempo esgueirando-se sorrateiramente entre os inimigos, há grande diversidade nos cenários. São trazidas cidades diferentes, além de áreas mais selvagens e intocadas, livres de intervenção humana, universidades, habitações, sistemas pluviais, de esgoto e metroviário, adicionando, assim, maior profundidade a essa construção de mundo como um todo.

Outro ponto fundamental é garantir não apenas a credibilidade desses espaços digitais, mas também, para um melhor desempenho, um bom deslocamento do espectador-interator por eles, ou seja, assegurar uma boa navegabilidade. No entanto, um grande desafio desse jogo quanto a seu level design foi oferecer uma boa navegabilidade em ambientes de quarentena.[1] A solução encontrada pela equipe de desenvolvimento foi a mesma apli-

---

1 Uma zona de quarentena isola e restringe o acesso de indivíduos a uma área delimitada durante um período específico.

cada em ambientes desse tipo no mundo fático: em vez da restrição de deslocamento por todo o espaço, foi estabelecida uma restrição de acesso a locais específicos, normalmente na entrada dos ambientes, sendo possível a passagem de poucas pessoas ao mesmo tempo, assim como em prisões ou mesmo na catraca de um ônibus. Dessa forma, mesmo as zonas de quarentena podem oferecer boas condições de deslocamento por conta desse ambiente de triagem. Essa solução é bem aplicável em ambientes nos quais se faz necessário mostrar a intervenção humana para que o personagem possa abrigar-se nessa nova realidade; porém, quando o jogador explora locais abandonados, é preciso uma nova abordagem. Nesse caso, os level designers utilizaram-se de obstáculos que só podem ser transpostos quando são usados elementos interativos dos cenários, como elementos móveis que podem ser arrastados até um local, permitindo a escalada a locais antes inacessíveis. Com essa estratégia, foram utilizadas principalmente grandes lixeiras com rodas, que podem servir de apoio, e escadas móveis, que, além de serem utilizadas para subir, em algumas situações também servem como passarela, conectando dois telhados distantes entre si. Outra solução bastante empregada é o empilhamento, de modo a formar escadas que permitam o acesso a outros níveis ou sirvam como plataforma em locais alagados. Em momentos em que não se deve liberar o avanço do jogador, como em andares superiores de um edifício específico ou outra área da cidade, os level designers optaram por usar simples obstáculos físicos, como portões e barricadas.

    Abordando a metodologia aplicada no desenvolvimento do design de nível, em *Wasteland Beautiful* (Naughty Dog, 2013), vídeo sobre o desenvolvimento do jogo, John Sweeney nos apresenta um modelo de ambiente sem texturas ou detalhes, demonstrando que o processo de criação dos ambientes de cada nível é feito um a um da seguinte maneira: inicialmente, a equipe de arte elabora uma arte-conceito que servirá como um guia estético de uma seção do game, ou um nível específico. Uma equipe de level designers, com base no conceito geral fornecido pela trama e pela arte-conceito, estabelece um nível no qual o que está em evidência é a espacialidade. Durante essa etapa, o level é criado apenas com formas simples e sem texturas, e esse estágio é chamado de *grayblock* (ou "blocagem cinza", em português). Então, a equipe da arte-conceito elabora novos desenhos com base no modelo feito sobre o projeto do nível, de modo a tornar cada ambiente único. Com a arte-conceito específica daquele ambiente, os modeladores partem para a modelagem dos detalhes e a aplicação das texturas, até a etapa de design de iluminação e finalização. Ou seja, o projeto do nível está elaborado, mas não necessariamente concluído.

Sempre consideramos a iluminação desde o início.

(Erick Pangilinan em *Wasteland Beautiful*, 2013)

No jogo, assim como na arquitetura, a forma como a luz incide e se desenha nos ambientes é condicionante para a percepção dos espaços. Assim como no estilo de pintura romântica, a luz pode ser utilizada como o elemento que conduz o olhar do espectador, conferindo uma nova dramaticidade à cena e aos ambientes. Esse processo de projetar a iluminação é chamado na arquitetura de luminotécnica e nos games de *light design*, ou design da luz. Vale lembrar que a verossimilhança dos jogos está ligada à escolha do estilo de arte aplicado neles. Por exemplo, a renderização de *Minecraft* (Mojang Studios, 2009) não está preocupada em retratar o mundo de maneira realista, no entanto, a incidência da luz ainda desenha a volumetria dos ambientes, afinal, sem luz, nada veríamos.

Além dos aspectos estéticos e semióticos[2] ligados à luz dentro do espaço de *The Last of Us*, há o aspecto técnico da mimese desse sistema reproduzido no ambiente virtual. Segundo Michal Iwanicki, em *Wasteland Beautiful,* houve uma grande preocupação com os aspectos técnicos da luz, como sombras projetadas de maneira mais difusa quando originadas por luz indireta e a iluminação refletida a partir de uma superfície colorida, que empresta suas cores ao ambiente. A atenção a esses pontos garante maior verossimilhança quanto ao comportamento da luz nos cenários e torna o ambiente mais imersivo, uma vez que a identidade do game como um todo busca por esse grau de semelhança com o mundo fático, apesar de sua estética não procurar uma semelhança fotográfica.

Dessa forma, podemos concluir que tanto a metodologia de elaboração dos espaços quanto as estratégias utilizadas para a superação das dificuldades impostas pelo roteiro, além do game design e da estética adotados pelos level designers, foram encadeadas de modo a entregar um ambiente convincente e de acordo com o pretendido pela equipe, servindo, assim, como um campo fértil para os demais itens abordados neste livro.

O LEVEL DESIGN E A ARQUITETURA DIGITAL

Como pudemos observar ao verificarmos o conceito de imersão, do sentir-se presente em um ambiente digital a partir da experiência sensorial, o espectador-interator interage e habita um ambiente de maneira a transportar a própria consciência a um

---

2 "Semiótica é o estudo dos signos, que consistem em todos os elementos que representam algum significado e sentido para o ser humano, abrangendo as linguagens verbais e não verbais. A semiótica busca entender como o ser humano consegue interpretar as coisas, principalmente o ambiente que o envolve. Dessa forma, estuda como o indivíduo atribui significado a tudo o que está a seu redor" (Significados, 2016).

mundo virtual. Então, partindo do fenômeno da imersão, vamos observar as semelhanças e diferenças entre espaços reais da arquitetura convencional e os espaços virtuais, construídos com base em dados e no processamento computacional.

Para Petry (2003, p.10), atualmente, a "fusão entre verdade e ciência" está além do mundo natural, ou fático, e se estende ao digital, destacando a pesquisa e o design dos ambientes virtuais em pé de igualdade com "palcos [...] propiciados pela Natureza". O level em um jogo ou em qualquer outro ambiente digital que permita a interação tem se tornado palco para a vivência humana, além daqueles lugares oferecidos pela natureza no mundo fático em que vivemos. Lugares são *espaços organizados*, espaços esses que podem ser habitados pelo homem (Heidegger, 2008).

A característica de poder abrigar a vivência do homem é um dos pontos-chave das semelhanças entre esses dois tipos de ambiente, pois os ambientes virtuais têm um ponto de compatibilidade com os ambientes da arquitetura fática pelo fato de poderem ser vivenciados, seja pelo próprio corpo ou por meio de uma câmera. Os sentidos são estimulados, fazendo que haja imersão e tornando um ambiente uma verdade para o indivíduo, mesmo que temporariamente. O fato de conseguir abrigar os afazeres do indivíduo permite que esse espaço virtual seja pensado previamente, ou seja, com base em um projeto que visa organizar (ou desorganizar) as ações do indivíduo nesse espaço. Esse é um importante ponto em comum entre a arquitetura e o level design, pois assim é possível utilizar técnicas da arquitetura na construção de um level.

Segundo Peixoto (2003, p. 300), "a arquitetura contemporânea é feita para quem a percorre e observa de todos os ângulos". Sendo assim, podemos fazer um paralelo entre a arquitetura e o ambiente digital para games, uma vez que ambos compartilham das necessidades de resolução espacial procurada na contemporaneidade pelo próprio sujeito, moldando, portanto, a construção dos ambientes, tanto os fáticos quanto os digitais, em uma mesma demanda de usos e percepção. Como mencionado, a arquitetura contemporânea resulta da angústia de criar um artefato arquitetônico que se desloque e na qual fluam informações, as quais, no presente momento histórico, representam a necessidade de nossa época, o *Zeitgeist*.[3]

Porém, como concretizar essa arquitetura do movimento, do fluxo, se ela é composta de edifícios fixos ao solo, com elementos estruturais robustos e pesados? Os arquitetos buscam a resolução desse problema concentrando-se na experiência do deslocamento do observador dentro dos espaços, construindo uma experiência sensorial que faça o percurso se tornar mais importante que o objeto ou o destino resultante (Peixoto, 2003, p. 316). Em suma, a arquitetura contemporânea é a "arquitetura do entre" (Peixoto, 2003, p. 308) – entre espaços –, que deixa de lado a tradição monumental do eterno e estático para assimilar a fluidez dos sistemas de comunicação.

O espaço digital também permite esse deslocamento no mundo, então não seria exagero pensar nos ambientes digitais baseando-se nesse mesmo conceito de deslocar-se pelo ambiente. Inclusive, se pararmos para analisar, a maioria dos jogos foca justamente no deslocamento dos personagens como principal forma de interação com o mundo – são poucos os jogos que não englobam a navegação pelo ambiente em sua mecânica, como é o caso de *Papers, Please* (3909 LLC, 2013). Portanto, em vez de prender o jogador em uma posição ou oferecer uma vista fixa em um ambiente virtual, em sua grande maioria os ambientes virtuais são criados baseando-se na premissa do deslocamento. Logo, são focados na movimentação do usuário.

---

3 Palavra de origem alemã que pode ser traduzida como "espírito do tempo". Nas artes, representa a busca unificada de uma geração, mesmo que de forma inconsciente, sobre a discussão de determinados assuntos.

Um notável exemplo fático desse tipo de arquitetura é o do Museu Judaico de Berlim,[4] projetado por Daniel Libeskind em 2001. Diferentemente de um museu convencional, que possui diversos artefatos em exposição em um ambiente neutro, esse museu foca na experiência do usuário. O arquiteto recorreu a elementos arquitetônicos para passar sensações ao visitante, como uma leve inclinação no piso para dificultar o deslocamento sobre ele; a incidência de uma iluminação intermitente; a existência de locais fechados, etc. Dessa forma, cria-se uma experiência sensorial dirigida, tornando o percurso mais importante do que a chegada.

Assim como um museu pode se tornar um veículo narrativo, os ambientes digitais em games também têm esse mesmo potencial graças à sua natureza interativa; trabalhando com volumes e arte, eles podem induzir sensações das mais variadas, engrandecendo, assim, a experiência do jogador.

The Last of Us é um exemplo bem-sucedido dessa experiência de tornar o ambiente um meio narrativo de exposição de sensações e potencializador de histórias.

No vídeo *Wasteland Beautiful* (Naughty Dog, 2013), é afirmado diversas vezes e por diferentes desenvolvedores o fato de os ambientes terem sido usados como plano de fundo para o jogador refletir sobre o impacto da queda da civilização e de tudo o que foi perdido, além de esses ambientes buscarem complementar a narrativa: "o mundo foi tratado como um personagem. O

Figura 3.1
Memory void. Museu Judaico de Berlim, Berlim, Alemanha. Kadishman, Menashe. The Memory Void – Shalekhet (Fallen Leaves). 2001.

---

4 Recomendamos o acesso ao site a seguir, no qual é possível ler um relato sobre a experiência de uma visita ao Museu Judaico de Berlim: http://www.ignezferraz.com.br/mainportfolio4.asp?pagina=Artigos&cod_item=869. Acesso em: 8 jan. 2024.

Figura 3.2
Escadas no Museu Judaico de Berlim, Berlim, Alemanha.

que acontece vinte anos depois da queda do homem, quando ninguém mais cuida de nada?" (Kovats *apud* Naughty Dog, 2013, 0:50). Dessa forma, a caracterização estética do ambiente atuando como elemento semiótico, de maneira indireta, visa reforçar a imersão do jogador dentro da trama por meio da sinestesia,[5] ou seja, a narrativa não é feita somente pelos diálogos e *cut scenes*, mas também recorre à navegação dos avatares pelo ambiente para tecer as percepções e emoções vividas por eles e transmiti-las ao jogador.

O ESPAÇO

Como vimos, tanto para os ambientes fáticos como para os ambientes digitais, o espaço é de suma importância a fim de que a vivência se torne possível. Mas o que de fato é o espaço?

No texto "Observações sobre Arte – Escultura – Espaço", palestra proferida por Martin Heidegger (2008) em 1964 por ocasião da abertura de uma exposição de arte, o autor elenca o que outros pensadores já afirmaram a respeito dessa questão.

Para Aristóteles (*apud* Heidegger, 2008, p. 17), o espaço (*tópos*) representa o espaço ocupado imediatamente por um corpo, ao qual lhe atribuiu o nome de "lugar". Ou seja, nessa perspectiva, o espaço é definido a partir daquele que o ocupa.

Para Isaac Newton e Galileu Galilei (*apud* Heidegger, 2008, p. 18), "o espaço é uma extensão tridimensional e uniforme para o movimento de partículas, as quais não possuem nenhum lugar

---

5 Relação de planos sensoriais diferentes apreendendo o meio ao mesmo tempo.

O espaço não é uma vivência interior nem um algo exterior ao homem, o homem habita o espaço, está contido nele.

(Heidegger, 1954, p. 7)

distinto, podendo estar em toda e qualquer posição". Essa noção física do espaço, também chamado de espaço euclidiano-newtoniano entre os matemáticos, dispõe de uma grande semelhança com o conceito de espaço navegável, conforme colocado anteriormente; ou seja, o espaço é um meio tridimensional possível de ser transposto por um corpo, sendo a diferença em relação ao espaço navegável o fato de que, conforme Manovich (2001), espaços bidimensionais e hierarquizados, ou em camadas, também são navegáveis.[6]

Segundo Immanuel Kant (*apud* Heidegger, 2008, p. 18), o espaço é um princípio puro da subjetividade humana, uma vez que ele precede a representação dos objetos – estes usados pelo homem –, o que transforma, assim, o espaço em uma compreensão a partir de um corpo físico e do que pode ocupá-lo. Essa definição apoia-se no fato de o espaço preceder as significações que o homem faz dele; sendo assim, só terá sentido e espacialidade uma vez que seja utilizado pelo homem e por seus objetos.

---

6 Para este livro, vamos nos ater ao conceito de espaço euclidiano-newtoniano aplicado ao digital e aos ambientes tridimensionais arquitetônicos nos games. Não focamos a possibilidade de um espaço einsteiniano ou reymaniano, os quais dependeriam de uma topologia das superfícies que ultrapassa o conceito de espaço euclidiano (que engloba Newton). Para mais detalhes sobre tais espaços, ver a tese de doutorado de Petry (2003).

Já nas palavras de Milton Santos (1978, p. 171 *apud* Saquet; Silva, 2008, p. 31):

> [...] o espaço, por suas características e por seu funcionamento, pelo que ele oferece a alguns e recusa a outros, pela seleção de localização feita entre as atividades e entre os homens, é o resultado de uma práxis coletiva que reproduz as relações sociais.

Ou seja, nessa visão, o *espaço* seria uma percepção social e socializante das atividades humanas, ligado diretamente ao uso dado a ele, de modo a valorizar mais a apropriação do espaço do que as estruturas que o abrigam.

Para Heidegger (2008), o espaço é uma arrumação, um espaçamento realizado para dar limites – aqui, limite conforme entendido pelos antigos gregos, como algo que inicia, e não como término, articulando-se, reunindo-se de maneira integradora através de um lugar,[7] sendo assim criado o espaço, compreendido a partir do lugar. Já o *lugar* se trata da absorção do espaço e da apropriação dele por uma pessoa para si mesma, por meio de seus sentidos. O lugar é a leitura do espaço, e o espaço está contido em um lugar. Ainda segundo Heidegger, "os espaços que percorremos diariamente são 'arrumados' pelos lugares, cuja essência se fundamenta nesse tipo de coisa que chamamos de coisas construídas" (2008, p. 7), isto é, construções são lugares que organizam os espaços.

Se a arquitetura pensa na organização do espaço, então a arquitetura pensa em lugares. Sob a condição de que é possível construir no espaço digital, é possível criar espaços. E, como é possível pensar nesses espaços digitais antes de construí-los, logo, pensar no espaço digital resulta em fazer a arquitetura de

---

[7] "Espaço que ocupa ou pode ocupar uma pessoa, uma coisa: um lugar para cada coisa e cada coisa em seu lugar" (Lugar, 2024).

um lugar digital, tornando conceitualmente equivalentes a arquitetura fática e a digital.

Se analisarmos o conceito de espaço navegável introduzido por Manovich em 1998, que visa ao estudo dos espaços virtuais, a questão da navegabilidade dos espaços digitais é o que os torna espaços, conforme exposto por Heidegger (2008), fundamentando assim a afirmação de que "o espaço enquanto estrutura abstrata nos possibilita a imersão em um mundo digital completamente envolvente" (Petry, 2009, p. 6).

Pensando do ponto de vista de quem cria ambientes, o espaço navegável é mais uma vez não apenas necessário, mas também é parte fundamental do conceito e do objetivo de um projeto de arquitetura fática, assim como na criação de um ambiente digital interativo, conforme podemos ler a seguir:

> Em primeiro lugar quando produzimos um ambiente tridimensional, organizamos as estruturas do mundo digital de tal forma que a movimentação do sujeito-imersivo por este mundo se estruture em uma temporalidade que se processa dentro do ambiente digital concatenada com a compreensão do sujeito, sua ação e fazer práticos. (Petry, 2003, p. 54)

Um *mundo digital* (Petry, 2009) é composto de ambientes digitais pelos quais o espectador-interator pode navegar. Ou seja, ao nos referirmos a uma somatória de ambientes dentro de uma mesma linguagem espacial, arquitetônica ou artística, eles representam um mundo digital, que é percebido e vivido pelo espectador-interator. Para tornarmos essa experiência de mundo aceitável, é preciso manter uma coesão entre os diferentes ambientes, a fim de integrar o mundo de modo a garantir a imersão do indivíduo que por ele navega.

"A construção se revela àquele que a atravessa. A arquitetura é um acontecimento" (Peixoto, 2003, p. 319). Ao substituirmos a palavra "construção" por "ambiente", podemos encaixar qualquer experiência espacial no contexto, seja ela construída de matéria ou dados. Manovich (2001) afirma que os espaços virtuais são estruturalmente mais próximos da pintura moderna do que da arquitetura, pois, tanto na pintura moderna quanto nos computadores, o espaço e os elementos contidos são feitos em sua completude do mesmo material – para os quadros, tudo o que se percebe é feito de tinta, e, para o computador, tudo o que se percebe é feito de dados –, enquanto a arquitetura tem que lidar sempre com a dicotomia entre o espaço construído (cheios) e os espaços navegáveis (vazios). Porém, Manovich (2001) não aborda a questão pelo viés da experiência espacial, ou seja, caso a representação dos espaços em formato digital tenha as mesmas qualidades físicas dos objetos do mundo fático, como o fato de o usuário não poder atravessar uma parede, o espaço virtual estará lidando com a questão fundamental dos espaços arquitetônicos: a relação do cheio com o vazio. Mesmo quando se pensa na afirmação de que a pintura e o digital são mais próximos por conta de seus materiais básicos, tanto os cheios quanto os vazios são os mesmos: ao nos depararmos com a composição mais básica dos materiais do mundo fático, vemos que em sua base são todos compostos de átomos, ou seja, todos são feitos da mesma matéria.

Para Peixoto (2003, p. 299), ao se projetar uma obra arquitetônica em uma tela ou televisão, de forma a visitar aquele espaço, a projeção deixa de ser uma mera imagem e ganha propriedades semióticas da arquitetura ali representada, pois esta que está sendo lida pela plateia se torna uma "arquitetura da luz".

Uma arquitetura da luz surge daí: luminosidade da emissão cinematográfica e televisiva. A representação arquitetônica diz agora respeito a todos os pontos de vista e espectadores do espaço construído. Ela se converteu em imagem arquitetônica. (Peixoto, 2003, p. 299)

Podemos discutir se a arquitetura convencional já não se tratava de uma arquitetura de luz, uma vez que os elementos mais distantes dos usuários-arquitetônicos, como abóbodas e arcos de uma catedral gótica, poderiam ser apenas apreendidos pelos observadores a partir da refração da luz sobre o elemento físico da construção. Mesmo os vitrais e os efeitos de iluminação dessa catedral contam com a apreensão da luz ao longo de diferentes momentos do dia para criar o clima divino desejado por seus idealizadores, conferindo uma nova dramaticidade ao espaço e ilustrando a experiência do sujeito nele, como vimos anteriormente.

A segunda afirmação de Peixoto torna-se completamente verdade a partir do momento em que esse espectador assume o controle da própria navegação nesse espaço virtual. Como historiador de arte, Gombrich (2007) cita que, quando não vemos todos os lados de um objeto, no caso de uma pintura, nosso olhar tem que "dar a volta", a fim de adivinharmos qual é a volumetria total do objeto sugerido. Logo, ao controlarmos da navegação no ambiente digital, podemos ver, em vez de supor, as dimensões e características do espaço ou objeto, tendo então, conforme Peixoto sugere, "todos os pontos de vista" do espaço construído, assim como seria o caso se estivéssemos presentes fisicamente no local. Podemos ir além do ambiente físico, pois nos ambientes digitais temos os meios para manipular as limitações da física, sendo possível oferecer ao observador a capacidade de pairar pelo espaço, com todos os pontos de vista disponíveis.

Nos trabalhos de M. C. Escher (1898-1972), arquiteto e artista conhecido principalmente por seus trabalhos relacionados a perspectivas descontínuas, repletas de ilusões de óptica, é observável sua brincadeira com a percepção tendo como base uma representação bidimensional de um espaço perspectivado. Se, à primeira vista, esta parece ser uma perspectiva normal e correta, quando observada novamente, percebemos que a realidade criada é impossível de ser transposta ao mundo fático. Esse esquema dimensional com diversos ângulos de projeções ao mesmo tempo não pode ser encontrado no mundo fático por causa das limitações das leis da física clássica:

> [...] todos estão acostumados a ver cavalos e cães, uma vez que os encontram diariamente. Reproduzi-los é muito difícil. Por outro lado, demônios e seres espirituais não têm forma definida, e, uma vez que nunca ninguém os viu, é fácil pintá-los. (Gombrich, 2007, p. 82)

O trecho anterior foi trazido por Gombrich com base em um antigo tratado de arte chinês. Da mesma forma que a representação de demônios é mais simples de ser feita do que a de cães, pelo fato de todos conseguirem criticar aquilo que conhecem e lhes é comum ao olhar, assim são as construções digitais em relação às do mundo fático, ainda que não precisam necessariamente seguir a lei da gravidade. Por exemplo, muitas vezes os ambientes criados retratam planetas alienígenas ou mundos de fantasia que pouco têm a ver com os materiais e edifícios reais. Esse aspecto imaginativo é uma poderosa ferramenta para os level designers, uma vez que podem se desprender de convenções e regras rígidas do mundo fático para criar um ambiente espetacular que será vivido por um jogador, o qual, por seu turno, talvez não tenha as limitações de funcionamento do corpo humano, como a fadiga, podendo correr por horas a fio, escalar e até mesmo realizar feitos impossíveis para a anatomia dos nossos corpos, como voar, o que torna as opções de projeto ainda maiores. Porém, como limitante dessa questão, temos o fato de que não podemos criar algo completamente diferente de nossa vivência, uma vez que nossa experiência nos serve de base para o desenho e para a própria imaginação. Sendo assim, sempre haverá algo de familiar tanto nos demônios chineses como nos ambientes virtuais mais fantásticos, afinal, não sabemos aquilo que não sabemos.

Em *A estrutura ausente*, Umberto Eco (2013) cita que o arquiteto, dentro do código-base presente na arquitetura, organiza seus elementos e insere novas tecnologias e articulações, buscando prover novos sentidos, de modo a manter os elementos compreensíveis aos códigos em vigor. Assim, a arquitetura nos dá aquilo que não esperamos, apoiada em um estudo do sistema de expectativas, aceitabilidade e compreensibilidade, inovando sem descolar-se do entendimento da sociedade. Ora, se analisarmos o processo de produção e a evolução dos levels presentes nos games ao longo do tempo, notaremos que esse mesmo mecanismo se aplica a eles. Seguindo os códigos-base definidos pelo estado da arte dos games, os desenvolvedores, especificamente os level designers, buscam articular esses elementos com o intuito de inovar e tomam por base aquilo que conhecem. Com a implementação de novas tecnologias, essa intenção fica ainda mais evidente, pois, com novos recursos, podem surgir novas formas de relacionar o espectador-interator com um ambiente. O surgimento dos jogos 3D é um excelente exemplo: enquanto a mecânica dos jogos 2D tendia aos jogos de plataforma, nos quais os personagens movem-se exclusivamente pelos eixos x e y, a relação com o espaço mudou drasticamente com a adição do eixo z, e, assim como a relação entre espaço e habitante se transformou, foi alterada também a forma de construir e pensar esses espaços.

Outro exemplo que corrobora não só a relação entre arquitetura e level design, mas também o aspecto apontado por Eco (2013), é o da grande diferença entre os primeiros jogos lançados e as novas gerações de consoles, que tendem a experimentar novas fórmulas, baseadas, porém, nos moldes dos jogos da geração anterior e daqueles lançados a partir de certa maturidade dessa mesma geração. Com o passar do tempo, houve o entendimento de como adequar-se às novas potencialidades de *hardware*, às novas técnicas e aos gostos dos jogadores, com a possibilidade, inclusive, de maior inovação em relação àqueles que, teoricamente, por terem sido os primeiros a debutarem em um novo console, foram os rompedores de paradigmas da geração anterior.

Um aspecto importante a ser ressaltado sobre esse fenômeno de herança formal, ou de linguagem, na criação do ambiente é o *affordance*, já explicado anteriormente. Uma vez que, na linguagem dos jogos, é estabelecido um determinado modo de se movimentar pelo espaço ou de construir os levels, tanto desenvolvedores quanto jogadores terão certa expectativa de como aquele jogo deve ser jogado, prevendo, então, ou mesmo induzindo, um comportamento esperado. Os desenvolvedores tendem a utilizar soluções já aprovadas para seus levels, normalmente com inovações mais incrementais do que disruptivas.

A arte de criar, independentemente da mídia de representação, está fadada a encontrar dificuldades para efetuar a transição da realidade comum para a realidade artística da representação. Essa inerente dificuldade, atrelada ao desejo do fazer artístico, talvez seja o motor por trás do fascínio de nossa espécie pela arte de fazer arte – "[...] o pintor sabia melhor do que ninguém que o desejo do artista de criar, de trazer à luz uma segunda realidade, encontra barreiras inexoráveis nas limitações do seu meio" (Gombrich, 2007, p. 82).

Conforme Gombrich (2007), ao pintar um quadro, desenhar uma paisagem ou algo abstrato – ou seja, trazer à luz uma segunda realidade –, o artista sempre estará limitado por seu meio de representação. No caso da arquitetura, o desenho bidimensional é utilizado como uma referência em escala para um edifício ou espaço a ser construído. Por causa da limitação da representação bidimensional a que os projetos estão presos – o que explica a grande quantidade de desenhos no projeto de um edifício, de diversos ângulos –, se faz necessária aquela segunda realidade que até então estava presente somente na mente do arquiteto para um resultado explanável e exequível.

O level designer enfrenta os mesmos desafios do arquiteto do mundo fático, pois, apesar das regras de seu mundo virtual serem diferentes das do mundo real, suas ideias deverão estar relacionadas em desenhos para que sejam pensadas antes de serem construídas. Afinal, mesmo que o "custo de construção" no meio digital seja imensuravelmente mais barato em relação ao de uma construção real, o projeto sempre busca a melhor solução espacial para o problema abordado, seja ele um edifício habitacional ou o level design de uma *dungeon*. Ao imaginarmos as possibilidades de criação praticamente infinitas do ambiente digital, podemos afirmar que ele se torna o mais completo do ponto de vista de "trazer à luz uma segunda realidade" (Gombrich, 2007, p. 82), já que suas regras físicas podem ser customizadas a gosto do idealizador dos espaços.

A significação do espaço

Petry (2000, p. 2), ao referenciar-se a uma imagem modelada em uma cena tridimensional, escreve:

> [...] ela se diferencia da outra cena que é o sonho, na medida em que ela é o produto final de uma construção orientada utilizando-se os princípios da modelagem 3D, permanecendo na memória como uma crisálida imagética imutável, a partir de então.

Nesse caso, assim como na construção de uma cena 3D – que invariavelmente será um espaço, pois contém um volume digital que pode ser habitado –, na construção de um ambiente ou objeto, o processo de transpor os pensamentos e sonhos a uma referência que possa ser consultada e nunca esquecida, seja no papel ou no computador, é o próprio ato de projetar. Como vimos, o processo de modelagem, do mesmo modo que o de construção, normalmente depende de uma série de desenhos, pensamentos cristalizados que guiam a equipe na construção do ambiente tal como foi imaginado. Depois de construídos, ambientes e objetos possuem sentido, deixando o estado de "coisa" e o *status* de ideia para se tornarem uma estrutura de significação – ou seja, um elemento de comunicação entre o criador e o espectador-interator.

Quando um objeto passa a ser usado, ou interage com alguém, ele ganha força e personalidade, dizendo algo a mais ao interator. Nas palavras de Petry (2003, p. 33): "dizemos então que é pela manipulação do objeto tridimensional que o sujeito aprende a dimensão de sua significação". Nessa lógica, quando estabelecida não ao objeto, mas a um ambiente tridimensional, é possível dizer que a espacialidade está presente somente durante a interação com um ambiente cujo sentido de existência, toda a sua significação, passamos a entender. Obviamente que um ambiente com um projeto esteticamente trabalhado para um fim tem uma mensagem mais elaborada em relação ao espaço sem nenhum intuito previamente estipulado. Porém, ao realizarmos alguma ação específica – predeterminada ou não – em um espaço, o dotaremos de sentido, e somente com seu uso será possível a compreensão total de sua significação, o que também se aplica aos objetos.

A HIPERMÍDIA

O conceito de hipermídia pode ser descrito como a fusão de diversas mídias por meio de um suporte computacional. Esse conceito foi originalmente desenvolvido pelo filósofo Ted Nelson em meados de 1960. Fundamentalmente, ao agregar diversas formas de arte e, por consequência, várias mídias, como a modelagem, UI/UX, programação, atuação, game design, etc., os jogos acabam sendo uma das diversas possíveis formas de hipermídia.

Petry (2003) afirma que a hipermídia tridimensional nos capacita para a vivência estética de "nosso ser no digital". Ainda em seus estudos sobre a hipermídia, Petry discute a tridimensionalidade nos games – afinal, games são objetos hipermidiáticos –, estabelecendo que apenas por meio da organização do *espaço/projeto/criação* de um *lugar/arquitetura* é que o homem pode habitar no digital. E o que seria um jogo em 3D senão uma *hipermídia tridimensional*?

É importante salientar que a hipermídia e o level design não estão restritos ao formato tridimensional, uma vez que os jogos 2D foram os primeiros a serem desenvolvidos. Porém, os conceitos de elaboração de um espaço, mesmo que na falta do eixo de profundidade, são os mesmos que aqueles para espaços tridimensionais, pois neles habitará um espectador-interator[8] que, por meio de suas ações, irá testar e descobrir naquele mundo sua forma, e o *projeto de level design* deve vislumbrar esse uso e suportá-lo em sua elaboração. Dessa forma, as regras ontológicas básicas ao projetar um espaço tridimensional são as mesmas aplicadas a um espaço bidimensional.

Agora, voltaremos nossa atenção aos espaços tridimensionais, não só em relação ao level design, mas para qualquer ambiente tridimensional, como *mockups* de prédios e experiências em VR e AR. Todos os ambientes tridimensionais devem ser pensados com base no conceito de *topofilosofia*, introduzido por Petry (2003), que pensa as possibilidades de significação e fundamento desses espaços digitais com base na criação de estruturas por-

---

[8] Aqui não está sendo considerado o conceito de "planolândia", apesar de aplicável. Para se aprofundar no assunto, recomendamos o vídeo *Planolândia*, disponível em: http://www.youtube.com/watch?v=GkKTOOJUWew. Acesso em: 30 jun. 2023.

tadoras de sentido. Ou seja, que os ambientes voltem a falar com o espectador-interator, enriquecendo a experiência dele. Assim, como em qualquer forma de arte, o objeto artístico não pode ser dissociado de seu significado, pois a semiótica é indissociável da experiência humana; cada level design, cada personagem de um jogo, assim como cada pintura em um museu e cada obra de arte, contém um sentido, uma retórica que conversa com aquele que o observa, interage com ele e/ou o pratica.

Petry (2003, p. 39-40) afirma que buscar a perspectiva topofilosófica na elaboração de um objeto ou um ser digital é buscar "falar de novo na própria liberdade". Ou seja, o ato de modelar não é um modo vazio e impensado de fabricar objetos, mas sim de concebê-los de modo a ocuparem o próprio lugar no ambiente e voltarem, por meio desse fazer pensante, a falar e expressar-se junto ao espectador-interator. Da mesma forma que os objetos, os ambientes devem ser pensados/projetados na hora de abrigar as interações e possibilidades de uso, para que a experiência seja a mais rica e interessante possível àquele que vivencia esse espaço.

Revisitando o raciocínio de Platão, com a arte de construir fazemos uma casa, e com a arte de pintar um quadro fazemos outro tipo de construção, uma "espécie de sonho fabricado pelo homem para os que estão acordados" (Platão *apud* Gombrich, 2007, p. 7). Aqui, gostaria de incluir um novo item à comparação citada: a arte de construir ambientes digitais. Essa construção, assim como o level design, recorre à mesma arte de construir o espaço mencionada por Platão. Ao compararmos os ambientes digitais com as pinturas, podemos ver que os primeiros têm uma interface predominantemente visual; apesar dos recursos sonoros e táteis disponíveis, notaremos que eles também contam com a capacidade de oferecer sonhos para os que estão acordados, uma vez que, ao desenvolver um ambiente digital, o criador do espaço se vê livre das regras físicas básicas do mundo fático, liberando sua mente de preocupações como o dimensionamento estrutural, o custo de materiais de construção e sua qualidade. Assim, podendo focar especificamente na experiência espacial e estética do espectador-interator.

Porém, mesmo desvinculado dessas limitações, como vimos, muitas vezes o criador apelará à mimese das obras do mundo fático durante a elaboração de ambientes digitais. Visto que além de o mundo fático ser conhecido em detalhes por todos nós, pois é onde vivemos, o ambiente criado, via de regra, deverá parecer crível e familiar à experiência do espectador-interator, a menos que o conceito do ambiente tenha justamente a intenção de ser algo inusitado e impossível de ser testemunhado em nosso mundo. Entretanto, uma vez que "todo avanço do inverossímil se apoia em articulações do verossímil" (Eco, 2013, p. 201) – isto é, da deformação das funções e dos significados das formas conhecidas são criadas as formas desconhecidas e muitas vezes inverossímeis –, de certa forma também estamos utilizando nosso conhecimento do real para construir o impossível por meio de comparação e antítese.

Manovich (2001, p. 265) afirma que designers de espaços virtuais não apresentam amarras relativas a questões econômicas e utilitárias. Essa afirmação faz-se parcialmente verdadeira, devemos nos atentar que, em vez das restrições econômicas relacionadas a uso de materiais, os espaços digitais estão sujeitos ao desempenho de *hardware*, por exemplo, – sendo assim, dependem do desenvolvimento tecnológico e de suas limitações de processamento. Por exemplo, no momento em que escrevo este livro, há grandes limitações de *drawcalls* em cenas em VR para smartphones, algo que nos obriga a encontrar soluções mais simples aos espaços. Ainda sobre custo de produção de um ambiente digital, ainda que composto de pixels, seus desenvolvedores – level designers, modeladores, artistas de iluminação, etc. – fazem parte da estrutura de custos de um projeto. Em relação à utilidade, é preciso levar em consideração que o ambiente digital terá um uso, mesmo que contemplativo, e justamente por causa desse uso o espaço deve ter uma utilidade básica que possa abrigar a função principal à qual ele se dispõe. Se estivermos projetando a sala que abrigará um confronto com um chefe de nível, temos que considerar o tamanho dos personagens, a quantidade de objetos em cena, suas animações, seus padrões de ataque e a experiência pretendida pelo game design para, enfim, dimensionar e projetar o espaço com o intuito de abrigar a experiência pretendida da melhor forma possível.

HABITAR/IMERSÃO

Seguindo pelo viés da criação dos espaços, conforme Petry (2009), a apropriação do espaço quando espacializado pelo fazer artístico (no sentido de realizar um experimento artístico tal qual desenhar, modelar, escrever, etc.) – tanto para a arquitetura fática quanto para a arquitetura digital – é o que conduz o homem ao *habitar*, uma vez que, ao construir, ao pensar um espaço, é que nos damos conta de suas particularidades. Como prova desse conceito, podemos citar um exercício invariavelmente proposto a estudantes de artes, sejam pintores, arquitetos, escultores ou modeladores: a eles é pedida a reprodução de uma obra de arte. Esse exercício não só faz que o reprodutor tenha uma ideia do processo e da técnica utilizados originalmente, como também o faz compreender diversos detalhes a respeito da obra que, mesmo com um olhar atento, se não fosse a necessidade de reproduzi-la, passariam despercebidos.

Segundo Heidegger (1954, p. 4), habitar e construir podem ser entendidos como cultivo e crescimento, no sentido de edificar um objeto. Novamente, neste caso, nos referimos ao habitar do ponto de vista do criador, mas e quanto ao usuário a que se destina um ambiente? De que forma essa experiência do habitar topológico criacional pode afetar sua experiência com um espaço?

Devemos lembrar que, ainda segundo Petry (2009), esse fazer artístico tem como principal objetivo a "compreensão operativa e não maquínica" (Stein, 2003 *apud* Petry, 2009, p. 3); ou seja, ele busca que o desenvolvedor de uma obra possa pensar em todos os detalhes presentes em sua representação de realidade, para que, com base nessa *apropriação do espaço* da obra (habitar), seja possível que o usuário enfim a habite também de modo mais contundente e próximo da experiência sugerida pelo autor. Isso se torna mais claro ao observarmos a fala de Heidegger (1954, p. 3): "habitar é bem mais um demorar-se junto às coisas".

Da mesma forma que, do ponto de vista fenomenológico, quando há interação humana, o indivíduo passa a contextualizar aquela realidade, seja ela digital ou qualquer outra representação de mundo com a qual possamos interagir: "o homem não pode, de modo algum, ser considerado como separado do mundo, no qual é um de seus actantes" (Petry, 2009, p. 18).

A palavra "habitar" contém um significado ainda mais forte ao tratarmos de ambientes nos quais há interação humana, justamente como foi visto no capítulo anterior. Não somente de modo a habitar mental e visualmente, como no caso de uma pintura, o espectador, quando adquire a capacidade de interagir em um espaço, convive e passa a interferir com o ambiente, ou seja, habita-o de maneira direta e ativa. Afinal, qual é o sentido da arquitetura se não pensar e oferecer as ferramentas para o habitar?

Não somente abrigos, edifícios ou salas com desafios em jogos são espaços habitáveis; todo o espaço é habitado a partir do momento em que há interação humana com o ambiente (Peixoto, 2003; Novak, 2010). Isso vale mesmo que esse espaço seja de passagem, como uma ponte, um aeroporto ou uma estrada, que, além de fornecer um abrigo, também proporciona uma experiência sensorial e espacial, sendo habitado durante uma transição e uma transposição, o que constitui uma espécie de habitar passageiro ou habitar transitório. Esse raciocínio vem da fluidez presente na atualidade por causa da velocidade dos meios de comunicação e dos acessórios presentes no dia a dia, conforme proposto por Bauman (2021), que expõe a amplificação da sociedade pós-moderna ao se adaptar às constantes mudanças.

Segundo Peixoto (2003, p. 300), "desde Venturi se entende a construção como algo a ser visto por quem passa em velocidade"; ou seja, o ambiente é visto em sua plenitude, não só de um único ponto de vista, como também o simples ato de explorar esse ambiente nos garante a experiência espacial em si. Como uma construção abriga certos usos, mesmo que sejam apenas a passagem ou a transposição, o usuário tende a perceber o espaço durante seu trajeto, com uma percepção a partir do movimento – dessa forma, fazendo juízo de sua espacialidade e habitando um espaço durante sua transição.

A SEMIÓTICA

Da mesma forma que a arquitetura, a construção de jogos – e aqui nos referimos não só ao level design, mas à experiência como um todo – também é composta de veículos sígnicos que promovem determinados comportamentos. Em outras palavras, quando decidimos por um layout em um level, ou uma mecânica de game design, estamos, por meio de regras operacionais[9] e constitutivas,[10] encorajando determinados comportamentos.

---

9 Regras específicas para cada jogo. São as diretrizes que suportam as mecânicas e os comportamentos. Essas regras servirão de guia para as interações do jogador.

10 São a lógica e a estrutura matemática adotadas para quantificar o resultado do jogo. Por exemplo, em um jogo de RPG, correspondem a atributos como força, vida,

[...] arquitetura é composta de veículos sígnicos que promovem comportamentos.

(Koenig *apud* Eco, 2013, p. 194)

Dessa forma, vale analisarmos quais são os códigos, ou a semiótica, presentes na arquitetura para que possamos, então, utilizá-los no level design.

Umberto Eco (2013, p. 220) classifica os códigos arquitetônicos da seguinte maneira:

1. Códigos sintáticos: representam a ciência da construção, as técnicas construtivas. Não referenciam a função nem a experiência do espaço, ou seja, prendem-se à questão de sustentação estrutural, à engenharia e à física que mantêm um edifício em pé.
2. Códigos semânticos:
    a. articulação dos elementos arquitetônicos:
        i. Funções primeiras:[11] telhado (cobrir, proteger), pilar (sustentar), janela (visualização externa, passagem de ar), etc.
        ii. Funções segundas,[12] simbólicas: pilar (erguer), frontão (mostrar-se, comunicar), escada (subir/descer), etc.
        iii. Caracteres distributivos, ideologias do habitar: quarto, sala de aula, cozinha, etc.

etc., dos personagens e às relações entre eles. Os computadores nos ajudam a performar diversas dessas lógicas matemáticas ao mesmo tempo, com a possibilidade de entregar uma rica experiência de simulação em tempo real.

11 Definem-se como funções primeiras aquelas funções denotadas, ou seja, o sentido dado intencionalmente ao significante.

12 As funções segundas seriam as funções conotadas, ou seja, o que será entendido com base no significante.

b. articulação em gêneros tipológicos:
   i. Tipos sociais: hospital, castelo, loja, etc.
   ii. Tipos especiais: templo basilical, templo em cruz, labirinto, etc.

À primeira vista, no level design não parece possível identificar um código sintático, uma vez que, da forma pela qual são produzidos, os elementos estruturais estão presentes com caráter semântico, ou seja, significando estruturas que vencem a gravidade para elevar-se do solo e mimetizar, assim, uma construção real, uma vez que a gravidade não incide sobre as construções nos jogos.[13] Porém, temos que nos atentar ao fato de que as estruturas de apoio, ou plataformas,[14] vão além de sua função semântica de significar um piso sob os pés, seja ele uma construção qualquer ou o solo. Esses apoios estruturam a navegação dos avatares dentro de um ambiente, ou seja, têm como função estrutural servir de apoio aos objetos e personagens, envolvendo, assim, também a função sintática.

A arquitetura, como construção, apresenta aspectos semânticos que podem ser modificados em uma temática específica dentro de um jogo, e os gêneros tipológicos também compartilham dessa característica. Imaginemos uma cozinha; ela normalmente serve de local de armazenamento de utensílios para cocção, e justamente por essa característica torna-se o local ideal para cozinhar alimentos. No caso de um game, uma cozinha pode ter a mesma função que apresenta no mudo fático – como local de

---

[13] Em alguns jogos nos quais os edifícios são destrutíveis é adotada uma lógica para dar a ilusão de que eles respondem à gravidade, pois apenas são afetados por ela quando atingidos pelo jogador. Em *Angry Birds* (Rovio Entertainment, 2009), por exemplo, as construções apresentadas no jogo estão constantemente sofrendo a ação da gravidade.

[14] Nesse sentido, qualquer superfície que possa ser utilizada como apoio pelo jogador.

preparo de alimentos. Basta observar jogos como *The Sims* (Maxis, 2000), que simula a vida cotidiana de pessoas virtuais, ou *The Elder Scrolls V: Skyrim* (Bethesda Game Studios, 2011), no qual é possível combinar alimentos e cozinhá-los em uma cozinha medieval. Também podemos recorrer à cozinha como um esconderijo, por exemplo em jogos como *The Last of Us*. Nele, os protagonistas da história devem percorrer diversos *tipos especiais*, entre eles residências abandonadas e escolas, nos quais encontram diversos *tipos sociais*, como cozinhas, que, com sua função primeira inativada em função da condições da trama, servem de esconderijo e locais de confronto com os inimigos – transmutando, assim, a função primeira por uma nova.

Essa substituição de funções não é restrita aos jogos digitais, uma vez que, em uma simples brincadeira de esconde-esconde, os participantes deixam de enxergar os ambientes por suas funções primeiras e atribuem-lhes valores como bons ou maus esconderijos. Ou seja, eles substituem a função primeira de um balcão, por exemplo, que serve de apoio para executar uma tarefa, por uma função temporária de esconderijo, uma vez que sua massa e sua forma podem ocultar o participante da vista de quem o procura.

Esse tipo específico de mudança de significante, ocorrido a partir de um jogo – digital ou não – pode ser analisado pela teoria do *círculo mágico* proposta por ludologistas, a qual diz que, com base no estabelecimento de regras e da entrada em um jogo, dentro daquele espaço delimitado pelas regras, a percepção da realidade é transmutada para a percepção das regras desse jogo, como no caso do balcão citado anteriormente. Outro bom exemplo concernente ao círculo mágico é uma luta de boxe. No mundo ocidental atual, duas pessoas se agredindo sem motivo aparente é condenável, pois é algo fora dos padrões sociais estabelecidos. No entanto, quando duas pessoas estão dentro de um ringue de boxe, que tem as próprias regras, denotando o sentido de competição e entretenimento ao evento, o círculo mágico é montado – neste caso, representado inclusive fisicamente pelo ringue –, e um ato até então condenável passa a ser visto de maneira aceitável.

De modo a complementar os códigos de Eco (2013), mas agora relacionando-os aos ambientes digitais, a transposição deles ficaria:

1. Códigos sintáticos: representam os elementos que suportam a navegação e as ações do espectador-interator. Eles são os **colisores**, ou *colliders*, que, simulando a física, permitem ao avatar percorrer e interagir com os elementos, estruturando, assim, a interatividade.
2. Códigos semânticos:
    a. articulação dos elementos espaciais:
        i. Funções primeiras: portas/aberturas (passagem), caminhos/*colliders* (navegação).
        ii. Funções segundas, simbólicas: pontos de orientação (orientar), elementos de *wayfinding* (guiar), **sniper nests** (abrigar), *assets* de cenário[15] (representar).
        iii. Caracteres distributivos, ideologias do habitar: sala do chefe (*boss battle*), sala de salvar, pontos de ligação (corredores), sala de combate, etc.
    b. articulação em gêneros tipológicos:
        i. Tipos sociais: simulação, estratégia, *shooter*, **RPG**, etc.
        ii. Tipos especiais: mundo aberto, **level linear**, **Metroidvania** e arena.

Observando que "a manifestação de uma reflexão no meio digital pode trazer novas formas de expressão do conhecimento"

---

15 Uma casa em um jogo muitas vezes não tem a função de moradia, portanto, apenas representa uma moradia. Isso também se aplica a quaisquer outros *assets* que estão no jogo apenas como uma representação de um objeto.

(Petry, 2003, p. 58) e considerando o level design como o meio digital, este então vira um novo palco de significação e reflexão com relação direta com a arquitetura tradicional, por suas semelhanças quanto às percepções espacial, comunicacional e de interação. Ambas as mídias, arquitetura e level design, podem se beneficiar muito com o compartilhamento de suas competências.

4

Arquitetura dos espaços digitais

Neste capítulo, vamos introduzir o conceito de projeto de *arquitetura de level design*. De maneira sucinta, a arquitetura de level design compreende todo o planejamento prévio dos ambientes, com esquemas e desenhos elaborados antes da efetiva construção do nível dentro dos softwares de modelagem. Ou seja, trata-se de um projeto do ambiente virtual, de um nível de jogo, que empresta a metodologia e os conhecimentos utilizados na arquitetura tradicional para o desenvolvimento do level design. Essa etapa, como veremos, é fundamental para o desenvolvimento de um bom trabalho. Por fim, com base na conceituação apresentada, será então proposta uma metodologia por etapas para a elaboração de um level design.

INTRODUÇÃO AO CONCEITO DE PROJETO DE ARQUITETURA DE LEVEL DESIGN

O projeto

Considerando a equivalência entre os ambientes fáticos e os digitais por conta de suas muitas semelhanças, especialmente quando tratamos da percepção do espaço, agora nos cabe analisar como é possível desenvolver uma metodologia de projeto para o level design baseada na metodologia presente na arquitetura tradicional.

Para Heidegger (2008, p. 19), "o homem é no espaço, de modo que ele se instala o espaço, sempre já instalou espaço". Essa afirmação toca em uma questão crucial para a elaboração de um projeto: criar um espaço que possa ser apropriado, usado, percebido de modo a permitir a melhor instalação do indivíduo. A seleção de um bom espaço para essa instalação é fundamental, e um espaço bem trabalhado contará com mais opções de instalações – mais uma vez trazendo à tona o tema da relevância de um bom projeto para uma experiência "ideal" no espaço.

No caso de uma casa, o objetivo é criar um espaço que proporcione a melhor experiência de moradia, desde o tamanho e a disposição dos cômodos para o conforto térmico e acústico à escolha estética e técnica de materiais. Da mesma forma, no level design, buscaremos estabelecer o melhor espaço para que a mecânica principal do jogo brilhe; assim, cada decisão do projeto deve ter como meta engrandecer as mecânicas de jogo por meio da disposição do espaço, de *assets*, de personagens não jogáveis (NPCs – *non-playable characters*) e de inimigos.

Ela [a arquitetura] não se oferece a um usuário, um habitante, mas convoca para que se invente uma ocorrência.

(Peixoto, 2003, p. 321)

Como no caso da arquitetura, o level design, apesar de ser projetado com um fim específico – do mesmo modo que os edifícios arquitetônicos –, fica sujeito à inventividade do jogador para um novo sentido ou trajeto em seu percurso. Aqui, a grande vantagem do level design é que, com ele, podemos testar nosso ambiente com jogadores reais antes da conclusão do projeto. Durante esses *playtests*,[1] level designers observam com atenção e silenciosamente a forma pela qual o jogador se movimenta pelo espaço, como ele está compreendendo o que deve fazer e reagindo aos estímulos do jogo. Dessa forma, podemos antecipar problemas em nosso design e melhorar o projeto como um todo para atingir o resultado esperado.

Já no projeto de arquitetura fática, só será possível testar o espaço uma vez que esteja concluído o edifício. Então, será viável uma real avaliação, seguida de outras, para melhorar alguma deficiência de projeto, cabendo ao arquiteto, caso tenha cometido algum erro, a sabedoria de aplicar essa lição aprendida no próximo projeto, novamente utilizando-se do processo de esquema e correção semelhante ao adotado na pintura, em vez de ajustar aquele ambiente. Vale ressaltar que a arquitetura fática tem diversos desafios de projetos que não estão presentes em um ambiente digital, pois a interface no mundo fático vai muito além dos estímulos audiovisuais de um ambiente digital, assim como as ações dos usuários-arquitetônicos não estão limitadas àquelas preconcebidas e programadas em um jogo, o que adiciona uma complexidade maior ao projeto e promove a capacidade de antever o uso dos espaços com altíssima precisão.

Essa capacidade de corrigir as falhas após a construção do ambiente é regulada principalmente por questões econômicas, de modo que, com um bom projeto (um bom planejamento), é a melhor alternativa mitigadora desse problema. Vale lembrar que a reestruturação, em especial de uma construção, tem um altíssimo custo em comparação à contraparte digital; dessa forma, o tempo gasto em um projeto de arquitetura é importantíssimo para evitar erros de projeto. Apesar de a construção digi-

---

1 Testes de jogabilidade realizados para avaliar o desempenho de um level design ou mecânicas de um jogo.

tal ser menos dispendiosa, ainda assim os grandes orçamentos dos jogos atuais também não permitem margem para grandes erros, mas, claramente, o processo de teste durante o desenvolvimento dos espaços contribui de modo positivo para o resultado final.

Portanto, mesmo que o arquiteto e o level designer equacionem e antecipem as ações dos usuários dos espaços por meio de projetos, nada pode garantir com completa assertividade que eles farão o uso pretendido e que terão o entendimento exato das intenções de seus projetistas, inclusive porque esses projetistas, que de certa forma direcionam as ações dos utilizadores dos espaços, deixam de propósito uma margem de atuação que cabe a cada indivíduo. Nesse caso, podemos concluir, segundo Eco (2013), que ambos os espaços projetados dispõem de um *máximo de coerção* ("você terá um habitar assim") e de um *máximo de irresponsabilidade* ("você poderá usar essa forma como quiser"), sendo essa a dicotomia que propicia a experiência do usuário.

Michael Licht (2003), arquiteto de formação que trabalha com level design para a LucasArts, propõe que todo level deve ter um *level document*, documento em que serão descritos todos os desafios, inimigos e elementos daquele nível, construindo, assim, a ideia dos espaços daquele level de modo perene, com o intuito de cristalizar definitivamente a informação para que se torne uma referência segura a quem buscar alguma dica sobre esse nível específico. Ao olhar pela lente arquitetônica, o que Licht sugere é que o espaço seja pensado antes de ser construído digitalmente, ou seja, que haja um projeto, desenhos técnicos, para que sirvam como uma referência pré-estudada daquele ambiente que será construído/modelado no computador.

Petry (2003, p. 113) afirma que a arquitetura digital, assim como a carpintaria digital e a escultura digital, são expressões equivalentes e viáveis apenas a partir da modelagem, e ao modelar um ambiente digital é experimentado o "ato de construir um ambiente tridimensional", este compreendido como uma "cena digital". Propomos uma expansão desse pensamento ao momento que precede a efetiva modelagem desses objetos ou ambientes.

Ao modelarmos qualquer elemento digitalmente, é necessário que tenhamos ao menos referências daquilo que iremos modelar. Esse processo de referenciação corresponde a uma pesquisa sobre projetos análogos àquele que estamos pretendendo realizar – seja essa pesquisa ativa, no sentido de o modelador buscar conscientemente essas fontes, ou passiva, por meio da experiência adquirida com base em pesquisas ativas realizadas no passado. Se considerarmos que o desenho, bem como a escrita, é a cristalização de ideias gravadas no papel, ele seria, então, a melhor forma de condensar, aglutinar a pesquisa, passiva ou ativa, em uma produção própria que antecede e serve de guia para a modelagem. Essa cristalização da pesquisa com o intuito de guiar uma modelagem é chamada de *parametrização*, que corresponde justamente a desenhar todas as faces de um objeto para que assim a feitura do modelo digital seja guiada precisamente. Portanto, parametrizar é fazer um projeto de um objeto virtual.

Ao nos voltarmos para um projeto de arquitetura digital, além dos elementos presentes na elaboração dos objetos, é necessário que seja pensada a espacialidade interna dos ambientes, ou seja, as atividades que aqueles ambientes vão conter, uma vez que a hermenêutica[2] arquitetônica não se constitui apenas do objeto construído. Ela não se resume a uma escultura em grande escala, mas se constitui também dos espaços vazios e habitáveis, nos quais se desenvolvem as mais variadas atividades, ou seja, onde se desenvolve o habitar.

---

2 Interpretação da obra, ou entendimento de valor.

Para pensarmos essa espacialização, é preciso um número maior de estudos e tentativas de projeto,[3] a fim de alcançar a melhor solução tanto de setorização quanto estética de um espaço. Esse ato de planejar o ambiente digital de modo a garantir sua topofilosofia integrada, principalmente o uso organizado de seus espaços, é o que chamamos de *projeto de arquitetura de nível*, e é esse projeto que guiará a modelagem do ambiente, suprindo as necessidades preestabelecidas durante a etapa inicial de planejamento ou de pré-produção do game.

O projeto como comunicação

Michael Licht (2003), com sua experiência tanto em arquitetura como em level design, afirma que o processo de criação de ambientes digitais é semelhante ao adotado para criar ambientes arquitetônicos fáticos. Ele complementa, ainda, que a partir do momento em que percebeu essa semelhança, passou a estudar esse processo para ter maior compreensão dele. Sendo assim, Licht (2003) traz um relato de como é produzir um level e ainda sugere uma espécie de tutorial básico de como fazer um level design, o qual tomaremos como base para ampliar essa discussão e sua metodologia no próximo item deste capítulo. Porém, antes de começarmos a discutir uma metodologia, faz-se necessário debater algumas abordagens em relação à criação não só de espaços, mas de espaços voltados para jogos.

Para Eco (2013, p. 225), a linguagem arquitetônica é psicológica, "com suave violência, que me passa, aliás, totalmente despercebida, sou levado a seguir as instruções do arquiteto, o qual não apenas significa funções, mas as promove e induz". Portanto, o projetista estabelece uma clara intenção de uso, ou *affor-*

---

3 Aqui, mais uma vez, o sistema de aperfeiçoamento grego de esquema e correção é utilizado nos diversos rascunhos e versões dos projetos.

dance, mas sem forçar o usuário necessariamente. Como veremos mais à frente, esta é uma parte crucial do trabalho de um level designer: guiar o usuário sem ostracizar o design ou o próprio jogador.

Ao projetarmos um espaço, estamos projetando também nossa ideia de como esse espaço deve ser usado e entendido. Transmitimos essa pretensão indireta de maneira altamente eficaz, uma vez que, ao dividirmos os espaços e organizarmos os fluxos de navegação, somos capazes de segregar as escolhas de movimentação do usuário arquitetônico por um espaço. Da mesma forma, o level design trabalha com direcionamento de ações, especialmente no caso de jogos cuja transposição de ambientes ocorre por meio de escaladas e da resolução de *puzzles* de deslocamento, como nos jogos das séries *Tomb Raider* (Core Design, 1996), *Uncharted* (Naughty Dog, 2007) e *Prince of Persia* (Ubisoft, 1989), nos quais o jogador deve transpor os ambientes por um caminho único, deslocando-se horizontal e verticalmente e tendo que descobrir qual é o trajeto possível para chegar à próxima sala, repetindo esse processo para avançar. Dessa forma, ao apresentar uma única solução possível para a transposição de uma sala, o level designer age de maneira violenta, porém perceptível, a fim de enviar suas instruções ao jogador.

Outros jogos permitem uma maior liberdade de movimentação ao jogador, como *The Last of Us* (Naughty Dog, 2013), *God of War III* (Santa Monica Studio, 2010) e *BioShock* (2K Games, 2007), que, apesar de apresentarem um caminho linear, o jogador tem a chance de escolher o próprio percurso no espaço imediato. Esse desenvolvimento linear lhe proporcionará, então, maior vantagem estratégica, por não ter que seguir por um único percurso determinado pelo level designer.

Há ainda aqueles jogos no estilo **sandbox**, como as séries *Batman: Arkham* (Rocksteady Studios, 2009), *inFAMOUS* (Sucker Punch Productions, 2009), *Assassin's Creed* (Ubisoft, 2007) e *Grand*

Theft Auto V (*GTA5*) (Rockstar Games, 2013), nas quais o jogador está livre para se deslocar por qualquer percurso dentro de um "mundo aberto". Ou seja, dentro de um mapa completamente explorável, sem restrições de movimentação, o jogador é guiado por uma espécie de GPS que indica qual caminho ele pode seguir para realizar a próxima meta dentro do jogo e, assim, computar seu avanço. Cabe a ele decidir por qual caminho deseja seguir, tendo a liberdade, inclusive, de adiar um percurso até o momento que lhe for mais conveniente. Nesse caso, a instrução do jogador reside em pontos que lhe chamem a atenção, aproveitando-se de seu interesse para direcioná-lo, além do sistema de indicação de caminho, citado anteriormente. Esse tipo de ambiente que proporciona uma grande liberdade ao jogador apresenta um desafio maior ao level designer, uma vez que ele não pode prever/direcionar no projeto todas as formas e todos os caminhos pelos quais o jogador poderá agir. Assim, revela-se necessária uma etapa maior de testes com o intuito de avaliar as diversas possibilidades de movimentação e interação do jogador com o nível, proporcionando um espaço crível de suave locomoção e livre de **bugs** ou **exploits**.

Affordance

Ao debruçar-se sobre a frase orientadora do modernismo na arquitetura, "a forma segue a função", Eco (2013, p. 200) expõe que, do ponto de vista comunicacional, o que se pretende dizer é que "a forma do objeto não só deve possibilitar a função, mas denotá-la tão claramente que a torne, além de manejável, desejável, orientando para os movimentos mais adequados à sua função". Essa definição coincide com a definição de *affordance*: o design de um objeto deve denotar seu uso de modo que este seja natural ao usuário. Com base nesse ponto de vista, é possível analisarmos, de maneira geral, que o level design de jogos tem exatamente essa característica, uma vez que, a fim de guiar o jogador, o bom level designer o faz de modo a denotar tão fortemente um uso, as possibilidades ou mesmo o caminho a ser seguido, que torna pouco provável o aproveitamento desses aspectos de um jeito diferente daquele que foi pensado – a menos que o objetivo do jogador seja justamente burlar essa sugestão. Para atingir tal objetivo, level designers utilizam-se de técnicas como *wayfinding* e *orientation points*, além da clareza de espaço, como veremos mais à frente. Como um exemplo de *wayfinding*, podemos citar os jogos da série *Uncharted*, nos quais os beirais em que a personagem pode se agarrar ou deve pular costumam apresentar uma cor diferente ou mais chamativa em relação aos demais elementos dos cenários, facilitando a identificação pelo personagem como um ponto de apoio e possível caminho.

Durante a construção de um level design, é necessário ter em mente que, com o total controle do ambiente digital, podemos modificar radicalmente a forma pela qual nos relacionamos com os espaços. Sendo assim, caso criemos um espaço com habitabilidade/uso desconhecido pelo jogador, é necessária a introdução do modo de habitar aquele ambiente, para que, assim, a experiência seja compensadora. Eco (2013) cita que, caso um arquiteto resolva criar uma casa funcional, porém completamente fora dos padrões conhecidos, ele deverá direcionar o usuário arquitetônico para que utilize essa casa da forma correta – tal conceito é amplamente aplicado e tem grande adesão nos games. Como destacado, as possibilidades de criação de novas formas de habitar estão mais presentes no level design do que na arquitetura fática.

Assim como podemos significar elementos por meio do uso e das possibilidades deles na arquitetura, temos esse tipo de relação com frequência nos jogos, uma vez que devem ser introduzidos novos elementos com funções ligadas à rotina do jogo, muitas vezes não conhecidas antes pelo jogador – nem mesmo

> [...] uma vez ciente de que a escada me estimula a subir, (e me permite passar de um nível horizontal a outro), passo a reconhecer, desse momento em diante, na escada o estímulo proposto e a possibilidade oferecida de uma função exequível.
>
> (Eco, 2013, p. 191)

em jogos anteriores. Por exemplo, em *The Legend of Zelda: Ocarina of Time* (Nintendo, 1998), conforme já mencionado, uma parede rachada representa uma passagem escondida que pode ser aberta com a detonação de uma bomba próxima a ela. Ao aprender sobre essa possibilidade, o jogador irá reconhecer na parede rachada o estímulo proposto pela possibilidade. Essa relação de signo representando uma ação específica, tornando reconhecível a função de um objeto ou de uma construção, aparece em diversos jogos, muitas vezes representando não apenas passagens para novas áreas, como o exemplo dado, mas também outras utilidades, por exemplo, salvamento de jogo. Já mencionamos como exemplo os jogos da série *Resident Evil* (Capcom, 1996), nos quais os pontos de salvamento são representados por uma máquina de escrever presentes em salas específicas, longe de perigos e próximos à recuperação de pontos de vida; ou ainda na série *Pokémon* (Nintendo, 1996), em que há um prédio específico para a recuperação dos pontos de vida dos monstros de bolso; ou mesmo em *Castlevania: Circle of the Moon* (Konami, 2001), em que um raio de luz no piso representa uma cura instantânea para a personagem.

Orientation points

Outra estratégia comum em jogos que permitem maior liberdade de movimentação para o jogador é utilizar um ponto referencial na paisagem, algo que o instigue a explorar a área ao ir de encontro a esse marco. Essa tática é muito aplicada em parques de diversão, além de ter sido adotada na cidade de Brasília (DF), onde os grandes prédios públicos estão destacados no fim de grandes **eixos monumentais**, como se instigassem os transeuntes a observá-los mais de perto. Um exemplo pontual e bem claro de emprego desse artifício de projeto em quase todos os níveis do jogo é visto em *Dear Esther* (Chinese Room, 2012). Esse jogo de exploração não tem menus que indicam seu objetivo, inimigos para perseguir ou abater; mas ele tem outro recurso comum ao level design dos games: os inimigos existem no trajeto correto, enquanto a paz reina nos trajetos que não levam ao avanço da narrativa. Ou seja, não há qualquer outro tipo de indicação além do cenário para direcionar o jogador. Ao iniciar o jogo, temos apenas o cenário e a voz do narrador, que, ao longo do game, observamos ser o avatar que controlamos. Ele apenas cita fatos passados, aparentemente sem relação com a ilha onde está. A principal pista sobre o percurso ou o objetivo do jogo nessa primeira etapa é uma luz que pisca distante sobre uma torre em uma colina, logo ficando evidente para o jogador que deverá de alguma forma seguir em direção a essa luz intermitente, até que, ao fim dos quatro níveis do jogo, finalmente atinge a torre e ocorre o desfecho da história. Dessa forma, o level design orientando de maneira prática o desenvolvimento do jogo, sem a necessidade de uma intervenção mais "literal" como placas ou setas sobrepostas à tela com a indicação do caminho a ser seguido, nesse caso, é uma abordagem fundamental, uma vez que um dos objetivos do jogo é perder-se na ilha. Indo diretamente ao objetivo final, não seria possível o desdobramento de toda a narrativa oculta proposta pelos desenvolvedores.

Os **pontos de orientação,** ou *orientation points,* nos ajudam a saber onde estamos em relação ao todo, sendo uma referência visual na paisagem. Outro elemento que ajuda na orientação é o sistema de bússola, ou GPS, mencionado anteriormente, pois ele também orienta o jogador quanto à maneira de atingir o objetivo de navegação do jogo. Aqui, vale entender a diferença entre eles: o *orientation point* presente no level propriamente dito, como em *Dear Esther*, se classifica como diegético, pois está integrado ao ambiente do jogo; já a bússola ou GPS se classifica como um *orientation point* não diegético, pois está destacado no ambiente do jogo, apresentando-se na forma de HUD (*head-up display,* ou "monitor de alerta", em português), não sendo abrangido pela atividade do level designer. O level design ideal não deve depender de um sistema não diegético para orientar o jogador, mas, pela complexidade de ambientes de mundo aberto, muitas vezes temos que nos apoiar nesses sistemas.

Espaço e biofilia

Para Christopher W. Totten (2011), arquiteto e game designer, o principal objetivo de um level design é tornar o jogo divertido, independentemente do tipo de jogo e da forma que será dada essa diversão, seja ela pela ação, pelo humor ou pelo horror. Ao estudar o trabalho do historiador e teorista de arquitetura Grant Hildebrand (1999), que afirma que muitos dos aspectos que nos fazem nos sentir confortáveis em relação a um espaço estão ligados aos instintos de sobrevivência da espécie humana, Totten

> **Nossa impostação semiológica reconhece, assim, no signo arquitetônico, a presença de um significante cujo significado é a função que ele possibilita.**
>
> (Eco, 2013, p. 196)

(2011) sugere que, ao entendermos melhor os mecanismos psicológicos de sobrevivência dos seres humanos, podemos projetar melhores arquiteturas e níveis.

Seguindo então a linha de raciocínio de Hildebrand e Totten, se para a arquitetura o objetivo é projetar espaços seguros, não somente das intempéries, mas de invasões e ataques de outros animais, no level design, o objetivo, como dito anteriormente, é entreter e divertir. O jogador, para isso, é colocado em um perigo calculado, tirado de sua zona de conforto e exposto a alguns desafios a serem vencidos. Essa ideia de desafiar o jogador é proposta junto ao conceito de *flow*, ou "fluxo", de Mihaly Csikszentmihalyi, o qual aplicado a jogos sugere que se deve dosar a dificuldade dos desafios do ambiente de tal forma que os níveis do jogo e, consequentemente, o próprio jogo não sejam fáceis demais, sob o risco de entediar o jogador, nem difíceis demais, pois assim causariam frustrações.[4]

---

4 Neste ponto, vale ressaltar que, apesar de este livro se restringir ao estudo da disposição espacial presente tanto no level design quanto na arquitetura, por conta do escopo escolhido, conforme explicado na introdução, o level design é responsável também por posicionar não apenas os inimigos, quando eles existem, mas também os desafios de determinada fase, dessa forma trabalhando em conjunto, ou exercendo função dupla, com o game designer.

Conforme Totten (2011), jogos exploram nossas inseguranças naturais por nos colocarem, muitas vezes, na posição mais vulnerável dentro de um sistema, abordando de maneira indireta a condição humana de que, ainda que fisicamente em desvantagem em relação à maioria dos animais, sem garras ou pele espessa, sem velocidade ou força, podemos contar com a inteligência para superar essa inferioridade. No início de um jogo, além de nossa ignorância referente às regras de um novo ambiente, que tem leis próprias de interação e mesmo físicas – algo que por si só suscita insegurança –, somos colocados em uma posição frágil, com poucas habilidades, o que dificilmente irá se repetir conforme avançamos etapas, uma vez que normalmente os personagens recebem novas habilidades ou simplesmente ficam mais fortes e resistentes ao longo do jogo, explorando de maneira forçosa o mecanismo de sobrevivência, conforme já mencionado.

Complementando essa linha de raciocínio, e para contribuir com a criação de espaços dentro dos games, temos duas teorias, a da *biofilia*[5] e a *hipótese da savana*, que abordaremos e ampliaremos com base na perspectiva de Judith W. Heerwagen (2003).

A etimologia da palavra "biofilia" já nos permite conceber, em parte, o conceito que ela abrange: *bio* – "vida" – e *filia* – "amor/afeição/atração", ou seja, "apego à vida". Segundo Heerwagen (2003), o conceito de biofilia implica que nosso cérebro busca, instintivamente, nos deixar em posição de estabilidade em um ambiente, por exemplo, com a segurança de um abrigo e a proximidade de alimentos e água, itens essenciais para a reprodução da espécie. Dessa forma, ao nos vermos nessas condições propícias para a manutenção de nossa espécie, nosso organismo e nosso psicológico reagem de modo a nos sentirmos à vontade. Heerwagen também cita que estar no "lugar certo" é essencial para a perpetuação de um organismo. Esse local certo inclui a

---

[5] Termo popularizado por Edward Osborne Wilson em 1984.

proteção de perigos animados e inanimados e o acesso a bons recursos e espaços. Nosso humor reage instintivamente aos ambientes, tornando prazerosa a presença em um ambiente propício e desconfortável em lugares potencialmente perigosos.

Grosseiramente, poderíamos dizer que, se quisermos criar um ambiente em que o jogador se sinta seguro, basta que coloquemos os itens essenciais para sua sobrevivência nesse ambiente. O oposto deve ser conduzido para que o jogador se sinta desconfortável e em situação de perigo e alerta.

Caso analisemos jogos do gênero *survival-horror*, como os das séries *Silent Hill* (Konami, 1999) e *Resident Evil*, poderemos notar que eles se utilizam explicitamente dessa abordagem, pois neles o jogador possui poucos e limitados recursos e normalmente está em áreas repletas de inimigos (monstros), pelos quais deve passar despercebido ou dos quais deve fugir rapidamente, até encontrar uma nova área segura, em que poderá salvar o jogo e ficar fora do alcance dos inimigos.

A teoria da biofilia também trata da ideia de nos interessarmos por aquilo que vivemos. Essa característica pode nos ajudar a pensar melhor a arquitetura de level design. Imagine que estejamos construindo um nível que corresponde a um vilarejo; caso não utilizemos casas que possam abrigar vida, ou seja, com quartos, cozinhas e banheiros, além de equipamentos e tipologias urbanas como lojas, prefeitura, poços, etc., estaremos deixando de demonstrar aspectos essenciais do dia a dia de uma sociedade, tornando, por consequência, menos vivo aquele local. Em vez de passar a ideia de um vilarejo vivo e vibrante, poderá parecer mais um mero cenário, uma cidade cênica.

A hipótese da savana trata a percepção espacial e os sentimentos de segurança ou desconforto suscitados pelos espaços também do ponto de vista evolutivo. Tomando como pretexto a evolução da espécie humana a partir do ambiente natural da savana, essa hipótese, creditada ao antropólogo Raymond Dart, compreende que os seres humanos se sentem mais à vontade quando são expostos a condições semelhantes às do ambiente onde seus ancestrais evoluíram, a savana. Entre essas condições, seguem as principais citadas por Heerwagen (2003):

- **Recursos do ambiente:** grande diversidade de plantas (especialmente flores), vida animal como comida e recursos.
- **Estruturas de abrigo:** agrupamentos de árvores com copas robustas que propiciem refúgio e proteção.
- **Espreita e proteção:** grandes áreas abertas que permitam fácil movimentação e boa visualização a distância.
- **Mobilidade estratégica:** variações topográficas para vigilância estratégica, facilitando os movimentos por grandes distâncias e antecipando a visualização de perigos que se aproximam.
- **Vigilância sem barreiras:** "céu aberto" com grande e claro campo de visão, possibilitando uma vigilância em todas as direções.
- **Recursos hídricos:** corpos d'água para fornecimento de comida, água, banho e divertimento.

Como esses itens aludem a características ambientais que fazem os seres humanos se sentirem confortáveis, devemos levar em consideração então, mais uma vez, quando em um ambiente virtual, qual é a sensação que queremos passar para o jogador. Com relação aos *recursos do ambiente*, é possível notarmos de maneira geral nos jogos que os locais com maior variedade e/ou quantidade de recursos tendem a antecipar grandes desafios, como as batalhas com chefes, e a serem o ponto seguro do jogador, com *savepoints* ou áreas de recompensa após um desafio. Ou seja, sempre representam algo positivo e seguro para o jogador; mesmo que sejam "a calmaria antes da tempestade", conforme o ditado, fornecem abrigo e suprem as necessidades do jogador.

As *estruturas de abrigo*, como as árvores inseridas em conformidade com a hipótese da savana, permeiam os níveis do jogo, de modo a garantir o *flow*, conforme exposto anteriormente. O level designer deve variar os esconderijos e as áreas desprotegidas para que haja um nível de dificuldade desafiador, porém que não seja frustrante durante a locomoção do jogador pelo nível. Jogos de estilo **stealth**, de ação furtiva, no qual o jogador deve ocultar-se e executar suas ações sem ser percebido pelos inimigos, como a série *Batman: Arkham* e *Assassin's Creed*, utilizam muito desse recurso para prover uma locomoção dissimulada dos jogadores pelo cenário.

Essas grandes áreas abertas que permitem uma movimentação fluída e boa visualização a distância, descritas no item *espreita e proteção*, permitem a escolha de caminhos e a antecipação de perigos, de modo a organizar uma boa estratégia de batalha. Alguns jogos que utilizam esses recursos são *The Legend of Zelda: Ocarina of Time* e os da série *God of War*. Esses jogos prezam por um combate fluído e aberto, de maneira a não dispor de lugares onde seja possível buscar o esconderijo dos inimigos, e vice-versa, dando uma visão clara do perigo e facilitando, assim, as decisões estratégicas para a sobrevivência. Essas características também podem ser aplicadas para o entorno de uma fortificação ou base, facilitando o avistamento de potenciais perigos.

O conceito de *mobilidade estratégica* é mais bem explorado nas arenas multijogadores em jogos de tiro em primeira pessoa (FPS), como *GoldenEye 007* (Rare, 1997) e *Titanfall* (Respawn Entertainment, 2014), nos quais a mobilidade, o acesso rápido via atalhos no nível e o posicionamento em um nível elevado garantem vantagens estratégicas que podem desequilibrar o jogo para aqueles que souberem explorá-las.

Assim como em espreita e proteção, a capacidade de observação, antecipação de perigos e monitoramento de eventos e atividades possibilitada por uma grande área aberta, como indicado em *vigilância sem barreiras*, contribui para a sensação de segurança em um ambiente. Em *Batman: Arkham Asylum* (Rocksteady

Studios, 2009), o jogador, na maior parte do tempo, está em posição de vantagem estratégica em relação aos inimigos, pois, além de conseguir se mover sem ser detectado, ainda está acima de suas cabeças, de modo a ter uma ampla visão das grandes salas e das áreas abertas do Asilo Arkham, porém as áreas enclausuradas e apertadas, como corredores dentro do edifício do asilo, tendem a ser as mais tensas, pois, no geral, restringem a capacidade de movimentação e principalmente a visão, tirando a vantagem estratégica da vigilância sobre os inimigos e trazendo o jogador para a mesma condição deles. Jogos de estratégia em tempo real (*real-time strategy* – RTS), nos quais o jogador controla vários elementos ao mesmo tempo, como edifícios e tropas, assim como nos jogos das séries *Age of Empires* (Ensemble Studios, 1997) e *Star Craft* (Blizzard Entertainment, 1998), costumam adotar uma câmera que disponibilize o máximo de informações do jogo na tela, facilitando a vigilância das tarefas designadas a cada um dos elementos de jogo.

Os *recursos hídricos* não costumam ser representados em jogos, uma vez que a grande maioria deles não conta com uma mecânica em que o jogador deve se manter hidratado, porém, esse recurso deve ser usado de modo a criar um ambiente verossímil. Recorrendo novamente ao exemplo de projetar um vilarejo, a fim de torná-lo mais crível, faz-se necessário incluir elementos essenciais à manutenção da vida – entre os quais figuram rios, lagos e poços. Para exibir um cenário seguro e familiar, por exemplo, no nível inicial de um jogo que se passa na cidade natal do personagem principal, esse recurso de representar a cidade com abundância de água e alimentos serve para demonstrar uma vida tranquila e estável, que pode ser modificada a partir da virada na história após o aparecimento do arquétipo da sombra,[6] com o in-

---

6 Essa é uma referência aos arquétipos comumente utilizados nas narrativas. A sombra representa o vilão da história, o antagonista do herói.

Figura 4.1
Câmera isométrica aérea em *Age of Empires II*. Ensemble Studios, 1999.

tuito de ressaltar a mudança de um local pacato a uma zona de combate ou de destruição.

Ferramentas de design

Inspirado em um livro sobre decoração de Francis D. K. Ching (1987), o arquiteto John D. Brady (2012) destaca sete princípios para o desenvolvimento de um level design com base na decoração:

- **Proporção:** relação entre as partes.
- **Escala:** relação entre um objeto e outro com medidas conhecidas.
- **Equilíbrio:** busca pelo equilíbrio entre os elementos.

A arquitetura é composta de veículos sígnicos que promovem comportamentos.

(Koenig *apud* Eco, 2013, p. 194)

- **Harmonia:** boa combinação entre as partes.
- **Unidade e variedade:** apesar de harmonia e equilíbrio, a variedade cumpre um papel importante para a construção de um bom espaço.
- **Ritmo:** repetição dos elementos no espaço.
- **Ênfase:** trata dos elementos dominantes e subordinados na composição.

Os itens apresentados podem garantir a elaboração de um espaço coerente. Alguns estão presentes em tratados de pintura e desenho e são elementos básicos no ensino de artes, assim como foi mencionado quando tratamos da evolução da representação do espaço na pintura e no desenho. Um ambiente que tenha esses elementos distorcidos tende a nos parecer estranho, especialmente quando o erro está na *escala* e/ou na *proporção*, pois estes são princípios espaciais primários, os primeiros de que nos damos conta em nossa formação como humanos. Para exemplificar isso, basta imaginarmos um ambiente onde as árvores como as que conhecemos estejam de um tamanho muito menor, por exemplo, 1,5 m de altura – lembrando que não se trata de uma árvore jovem, mas sim da miniatura de uma grande e frondosa árvore adulta.

Esse erro de proporção na altura da árvore poderá causar imediatamente a quebra da suspensão voluntária de descrença – a não ser, é claro, que a narrativa explique previamente o motivo dessa desproporção. Vale ressaltar que, para além da chamada "escala humana" – desenho de uma pessoa de estatura média que serve de referência às alturas no desenho –, utilizada em projetos de arquitetura, temos os casos de projetos maiores, nos quais um humano não seria tão facilmente observável ou não somaria muito à percepção das alturas e da espacialidade ou da escala adotada. Então, nesse tipo de situação, árvores são utilizadas como referencial de escala. Alguns níveis em jogos exploram a desproporção exagerando na escala dos edifícios e cenários naturais, como cavernas e montanhas, ou mesmo na altura das árvores a fim de conferir ao cenário uma beleza monumental.

Brady (2012) afirma que a decoração, chamada também de arquitetura de interiores, é a área mais correlata ao level design. Essa é uma afirmação dúbia, pois em um level design é possível criar mundos inteiros ou até mesmo estruturas não presentes

Figura 4.2
Escalas corretas em relação ao edifício.

4 ARQUITETURA DOS ESPAÇOS DIGITAIS **133**

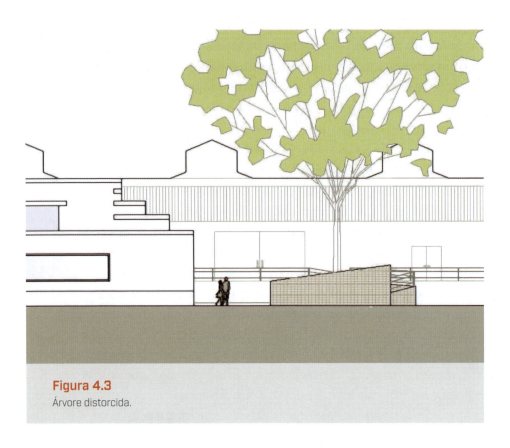

Figura 4.3
Árvore distorcida.

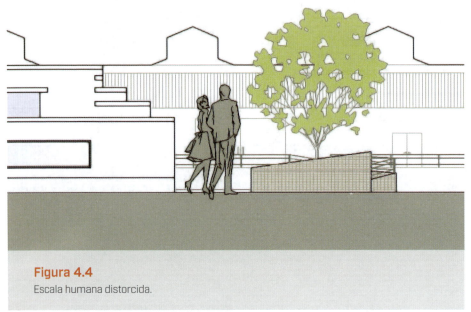

Figura 4.4
Escala humana distorcida.

em nossa vivência diária, como o espaço sideral – ou seja, estruturar os espaços. Já na decoração, o espaço já está estruturado e limitado; sendo assim, o projeto de decoração tem uma liberdade restrita em relação àquela estrutura preexistente, em vez de proporcionar uma total liberdade espacial que contribua predominantemente com a ambientação. Dessa forma, podemos dizer que, assim como a arquitetura inclui a decoração, a decoração também é complementar ao level design, porém submissa a ele. Em equipes maiores de desenvolvimento de jogos, existem profissionais chamados *environment artists* (ou artistas de ambiente), cujo trabalho é decorar (vestir, *dress*, em inglês) os ambientes de jogos, seja dentro de uma construção futurista, ou as pradarias de um mundo aberto.

A decoração dos espaços de um level design está fortemente ligada à etapa que vem após a criação dos espaços, a *grayblocking*, na qual o level designer define os espaços utilizando apenas formas cinzas e focando na experiência espacial do level. Depois dessa etapa, as formas cinzas são substituídas pelos *assets* finais, trabalhando assim o aspecto visual do level, inclusive com a adição de **hero assets**, que dão uma personalidade única ao level em questão.

Tirando partido dos problemas

Outra semelhança projetual que podemos perceber com base no trabalho de Brady (2012) é o fato de um projeto exigir desde o princípio uma solução. Ou seja, ele tem uma dificuldade inata para ser executado, como um terreno desfavorável ou uma restrição qualquer, e justamente essa dificuldade suscita, em vez de uma estagnação de ideias e soluções, uma resolução projetual criativa e única. Em sua pesquisa, Brady (2012) cita o designer-chefe de *Assassin's Creed: Brotherhood* (Ubisoft, 2010), Patrick Plourde, que admitiu que a precisão histórica demandada pelo jogo, que se passa em Constantinopla (Istambul, Turquia) em 1511, adicionou um grau de dificuldade para o desenvolvimento dos níveis. Apesar disso, durante o processo, ele percebeu que as dificuldades acabavam se apresentando mais como oportunidades e forças do que como problemas. Esse tipo de constatação reflete um pensamento difundido desde a escola modernista, que diz: "tire partido dos problemas". Em outras palavras, ao se defrontar com uma dificuldade, em vez de lutar contra ela, devem-se usar as próprias limitações como ponto forte do projeto, seja fático ou virtual, assim como indicado por Plourde. De modo a exemplificar esse aspecto dentro da arquitetura, vale citar a icônica Casa da Cascata, de Frank Lloyd Wright.

Como pode ser visto na figura 4.5, no terreno do projeto havia diversas árvores e uma pequena queda d'água. Em vez de anular essas condicionantes, especialmente a queda d'água, que poderia ter sido canalizada ou desviada, o arquiteto decidiu utilizá-las como ponto de partida, de modo a integrá-las em seu projeto arquitetônico, obtendo um resultado bastante expressivo. Do principal problema do projeto, veio seu ponto mais forte.

Na criação de level design, assim como na arquitetura e na decoração, a definição de espaços e de significantes é importante para estabelecer ambiência e personalidade, corroborando, assim, para a experiência que se pretende atingir quando se joga/habita aquele espaço. Ao criarmos uma ambientação, ou seja, significarmos um espaço, temos em evidência o significado dele em detrimento de sua utilidade, sendo assim necessária certa parcimônia nessa dosagem de importâncias para que a definição desse espaço seja não apenas rica em referências e signifi-

Figura 4.5
Casa da Cascata, de Frank Lloyd Wright. Mill Run, Estados Unidos.

cantes, mas também útil ao desenvolvimento das atividades ali. De modo a exemplificar essa dualidade de sentido e utilidade, Eco (2013) cita o trono de um rei, que abdica da utilidade de "sentar-se comodamente" para exercer a utilidade de "suscitar a realeza ao sentar-se". Apesar de o trono permitir que o rei se sente, ele tem sua principal utilidade trocada, o conforto ao sentar-se, dando lugar a uma nova utilidade, comunicar a altivez de realeza, ou, conforme Eco (2013, p. 202), "sentar-se com dignidade". Eco (2013, p. 243) então afirma que: "cabe ao arquiteto projetar funções primeiras variáveis e funções segundas abertas". Nesse caso, definem-se como funções primeiras aquelas funções denotadas, ou seja, o sentido dado intencionalmente ao significante; já as funções segundas seriam as funções conotadas, ou seja, o que será entendido com base no significante.

As abordagens citadas são apenas algumas das estratégias e discussões teóricas possíveis de serem pensadas e aproveitadas na criação de um espaço, sendo ele real ou virtual, para games ou outra mídia. No próximo item, será abordada uma metodologia prática para organizar o trabalho e extrair o melhor de um espaço com base nas intenções pretendidas a ele.

ETAPAS PARA A CONSTRUÇÃO DE UM ESPAÇO ARQUITETÔNICO E SUA RELAÇÃO COM OS ESPAÇOS DIGITAIS EM GAMES

No item anterior, tivemos contato com algumas das diversas questões conceituais que giram em torno da criação de um espaço, com foco um pouco maior na criação de level design. Como vimos, o conceito de projeto de arquitetura de nível, resumidamente, compreende a elaboração criteriosa de documentos e projetos que transmitam de maneira coerente e precisa os detalhes e os elementos que deverão estar presentes em um espaço. Sendo assim, a seguir, será apresentada uma metodologia não de criação, mas de gerenciamento da produção e da criação desses níveis com base na metodologia utilizada pelos arquitetos para a elaboração de seus projetos.

Centralmente, level designers e arquitetos buscam resolver o mesmo problema: como alguém se move no espaço.

(Brady, 2012, p. 2, tradução nossa)

O arquiteto John D. Brady (2012), em sua dissertação de mestrado, afirma, ao comparar a arquitetura fática e o level design, que ambos são iguais, pois seguem necessidades projetuais e estéticas que visam garantir a estabilidade[7] da construção a fim de oferecer e assegurar a melhor experiência para o usuário. Em paralelo, é possível compararmos o papel do arquiteto e o do level designer ao conceito de "arquiteto de sonhos", como colocado no filme *A origem* (2010), do cineasta Christopher Nolan. Assim como analisa Brady (2012), no filme de Nolan, o papel do arquiteto dentro dos sonhos é garantir não somente o projeto dos espaços a serem percorridos, mas também a coesão daquele mundo, de modo a determinar que o inconsciente da pessoa que tem seu sonho invadido não perceba os invasores. A associação entre o esforço em manter o sonhador alheio à realidade apresentada no filme e o esforço em manter a coesão do mundo di-

---

7 Aqui, estabilidade é entendida não somente como a estabilidade física da construção, de sua estrutura, mas principalmente como a coesão estética e funcional de um edifício.

gital dentro de um game, de maneira a garantir ao jogador a suspensão voluntária de descrença e, consequentemente, sua imersão no jogo, faz-se didaticamente mais que necessária por conta de suas grandes semelhanças. Afinal, ambos têm o mesmo objetivo, engajar o jogador/sonhador na realidade artificial que se apresenta diante dele, cabendo essa tarefa aos projetistas desse espaço.

Michael Licht (2003) expõe um erro cometido por arquitetos e level designers que serve como lição ao elaborarmos um level – e as consequências financeiras desse erro para o level designer tendem a ser superiores do que para os arquitetos. O erro citado por ele é o de projetar o ambiente para si mesmo, e não para o cliente. Ao projetar um ambiente, seja real ou virtual, devemos ter em mente, além do "para o quê", o "para quem" estamos projetando, uma vez que o gosto pessoal do projetista pode ser diferente do de seu público-alvo, desde esteticamente até em relação ao *gameplay*. Dessa forma, é necessário, além de definir, conhecer o público-alvo para o qual se projeta. Uma maneira de se prevenir contra esse erro é efetuar constantes testes de *gameplay* com uma demografia variada; assim, o level designer pode observar diferentes tipos de jogadores interagindo com o level e corrigir eventuais problemas com o design original. Especialmente para games, se não corrigido, o erro pode ser agravado, uma vez que um jogo é distribuído não apenas para um grupo ou um único cliente como na arquitetura, mas para algumas centenas de milhares de pessoas, com os mais diferentes gostos e culturas. Faz-se imprescindível, então, um maior distanciamento dos gostos pessoais do criador em relação à sua obra, atendendo à demanda dos clientes em potencial, os jogadores. Conforme Bruce Shelly: "a menos que você esteja planejando comprar um milhão de cópias do jogo para si mesmo, é melhor ter certeza de que seu trabalho tenha um amplo apelo" (*apud* Licht, 2003, p. 2, tradução nossa).

Segundo Moura, Breyer e Neves (2006), no Brasil, os cursos voltados para a construção de games são focados prioritariamente na programação, ficando então as questões relacionadas à espacialidade em segundo plano,[8] de modo a serem construídas empiricamente pelos game designers. Além do colocado, a fim de reforçar a necessidade de uma proposta de realização de uma metodologia gerencial para a criação de espaços baseados nos conhecimentos da arquitetura, faremos uso das palavras de Brady (2012, p. 4, tradução nossa) novamente, pois sua afirmação vai de encontro com um dos objetivos propostos para este livro:

> Level designers precisam olhar a longa história da arquitetura e aprender com seus sucessos e fracassos. Arquitetos focam em pessoas: como vivem, aonde vão, como se movem por espaços. A arquitetura oferece uma multiplicidade de conhecimentos da interação humana que os level designers deveriam utilizar.

Em concordância com a citação de Brady, a seguir iremos elaborar um *framework* de desenvolvimento de level design, de modo a adotar uma mistura do que é realizado na arquitetura convencional e de técnicas de level design aplicadas pela indústria de jogos AAA.

Pesquisa de referências

Para entendermos rapidamente a importância das referências, devemos compreender que tudo aquilo que criamos, por mais inovador que seja, será pensado com base no que conhecemos sobre o assunto. Por exemplo, com o lançamento do iPhone,

---

[8] Apesar da diferença de oito anos entre o trabalho citado e a pesquisa para este livro, além do surgimento de diversos cursos de games nesse período, a questão por eles abordada permanece imutável em relação ao ensino dos aspectos da espacialidade.

inovador smartphone da Apple, em 2007, apesar do caráter disruptivo do produto, com uma tela sensível ao toque em vez de botões, podemos facilmente perceber, quando o comparamos aos aparelhos da líder de mercado na época, a BlackBerry, que muitas características do iPhone já estavam presentes nos concorrentes, porém, ele constrói sobre a deficiência dos demais. Portanto, mesmo que estejamos almejando atingir o novo, sempre teremos o antigo como referência, pois essa é a forma pela qual nosso cérebro funciona. A resolução da espacialidade para o uso humano, seja digital ou fático, é um problema complexo, pois depende de muitas variáveis e pode ser imprevisível. Dessa forma, quando nos baseamos em outros projetos que solucionaram problemas semelhantes, podemos não só aprender com o sucesso do que já foi feito, mas também melhorar aquilo que ficou a desejar, ou até mesmo criar algo novo inspirados naquilo que conhecemos.

    A pesquisa é essencial para que um projetista se engaje ao tema do projeto antes de iniciá-lo. Licht (2003) sugere que o projetista leia, assista e interaja com tudo que há de semelhante com seu futuro projeto, assim ele estará alinhado com o "estado da arte" e, como especialista, poderá produzir um melhor resultado. Na arquitetura, esse processo é chamado de *pesquisa em projetos análogos*, no qual o arquiteto, partindo de seu tema e de sua problemática, busca em projetos elaborados por outros colegas soluções para problemas semelhantes àqueles à sua frente. Com base em um aspecto já realizado, ele aprenderá com a experiência alheia e tentará melhorar aquela solução específica. Ele também pode usar uma solução prévia para resolver mais rapidamente um problema – uma vez que a solução já existe –, e, então, focar em outros pontos menos abordados. Essa etapa como construção de ambiente é a mais importante da pesquisa, uma vez que trará elementos reconhecíveis e tende a influenciar de maneira impactante a usabilidade e a estética inicial do projeto.

Podemos classificar a pesquisa de referências em dois tipos: a *pesquisa ativa*, como esta que propomos aqui, na qual se busca o conhecimento entre projetos análogos, a fim de se especializar no assunto; e a *pesquisa passiva*, na qual, mesmo sem a intenção, ao observarmos diversos projetos no dia a dia – ou, no caso dos games, jogar diversos deles –, acabamos, assim, criando um repertório. Como no mundo acadêmico, a pesquisa é essencial para um trabalho sólido, e o projetista, tendo em mente exatamente o que deverá realizar, poupa-se de retrabalhos, uma vez que sua assertividade será maior.

Quando em posse do documento de design de jogo (**game design document** – GDD), é preciso estudá-lo de modo a entender quais são as necessidades e mecânicas de um jogo para relacioná-las ao espaço e à ambientação. As restrições que o game design impõe podem ser aproveitadas como catalisadoras na elaboração de situações dentro do nível, além de possibilitarem um dimensionamento e um posicionamento de elementos mais condizentes com a câmera do jogo. Por exemplo, o projeto de um FPS está mais preocupado com as linhas de visão (**sightlines**) de um level do que um jogo de exploração em terceira pessoa. Caso não haja um GDD, é válido buscar informações com os líderes do projeto. Em comparação com a arquitetura fática, o GDD tem o papel de definir o **programa do projeto**, estabelecendo os ambientes e as necessidades que um projeto específico demanda, de modo a listá-los para que sejam considerados no momento de sua elaboração. O GDD é desenvolvido junto aos clientes e, dependendo do tamanho do projeto, junto a especialistas de diversas áreas técnicas que oferecem, por exemplo, orientações quanto à necessidade de salas de máquinas além de outras especificidades que os **sistemas prediais**[9] possam vir a exigir.

---

9 Sistemas complementares como de água, energia, ar-condicionado, etc.

Licht (2003, [s. p.], tradução nossa), em outro momento, diz: "conheça os aspectos técnicos". É importante conhecer os aspectos técnicos com os quais seu ambiente irá funcionar, uma vez que isso definirá o que será possível fazer dentro dele. Mais uma vez, o GDD é necessário como ferramenta de referência das possibilidades que um sistema oferece. Além dessa documentação, sugere-se que os programadores estejam presentes nas reuniões de revisão de level design, assim como no caso da arquitetura fática os projetistas dos sistemas prediais também participam delas, de modo que possam antecipar possíveis incapacidades funcionais dos espaços planejados. Na arquitetura, a técnica não está na capacidade de processamento dos *hardwares* ou nos recursos disponíveis por uma *game engine*, mas sim na capacidade de absorção e transferência de forças entre os materiais, ou seja, em como manter o edifício estável.

Arquitetos com conhecimento aprofundado desses elementos técnicos – assim como Santiago Calatrava, que conhece muito sobre estruturas por ter, além da formação de arquiteto, a de engenheiro – podem chegar a resultados bastante interessantes, como os mostrados nas figuras 4.6 e 4.7, pois conseguem extrair do projeto articulações pouco exploradas ou menos óbvias.

Conceito ou partido arquitetônico/ level pillars

Conceito é aquilo que o jogador deve lembrar em cada fase, ou seja, a principal característica de um level. Licht (2003, [s. p.], tradução nossa) cita que, na faculdade de arquitetura, os professores sempre perguntavam: "Qual o conceito aqui?" – ou seja, qual é a informação principal que o projeto deve passar ao usuário. No ensino da arquitetura, acredita-se que o conceito é o elemento que deve permear e definir o projeto, de seu início até o

Figura 4.6
City of Arts and Sciences, Valência, Espanha. Santiago Calatrava.

Figura 4.7
City of Arts and Sciences, Valência, Espanha. Santiago Calatrava.

fim. Como exemplo claro de visualização do conceito de um projeto, temos o Museu de Arte de São Paulo Assis Chateaubriand (Masp), da arquiteta Lina Bo Bardi. A intenção dela com o projeto – ou o seu conceito – era manter a vista para o Vale do Anhangabaú e a permeabilidade dos pedestres oriundos da Avenida Paulista, mesmo com a construção do museu. Para isso, a arquiteta concebeu o edifício como suspenso, criando um grande vão embaixo dele, trabalhando com o conceito de manter essa visibilidade do vale a partir da Avenida Paulista, conforme é possível observar na figura 4.8.

Na arquitetura, após levantar as necessidades do projeto, são elaborados desenhos à mão, também chamados de *croquis*, nos quais o arquiteto expressa suas ideias iniciais. Então, é a partir do croqui que se inicia o processo de esquema e correção das ideias. Os croquis buscam a representação ou da obra em si, da ideia que o observador terá daquele ponto específico, ou da obra como um todo – nesses dois casos, usa-se a perspectiva. Nesse processo, também são desenvolvidos os primeiros esquemas de divisão dos espaços, as plantas baixas e os cortes, tudo na forma de desenhos simples, ainda sem a rigorosidade de um desenho técnico, conforme exposto no capítulo 1. O conceito também é chamado de **partido arquitetônico**, ou seja, o ponto principal do projeto, o ponto de partida de uma obra.

Esse processo de criar um conceito ou partido para a elaboração de um espaço pode e deve ser adotado no projeto de um nível dentro de um jogo, usando inclusive as mesmas ferramentas que a arquitetura: croquis, plantas e cortes, que representam não apenas o conceito geral da ambientação do nível, mas a jogabilidade dele, de modo a demonstrar algumas ações específicas no jogo, o posicionamento de inimigos, etc.

Em level design, começamos com a definição dos pilares do projeto, ou seja, com os conceitos que estruturarão, que darão suporte à experiência do level design. Nesse ponto, usaremos

Figura 4.8
Vista do Masp a partir da Avenida Paulista, São Paulo (SP), Brasil.

de duas a cinco palavras-chave para descrever o *core* da experiência; por exemplo, em um jogo como *Battlefield* (Electronic Arts, 2002), poderíamos ter: combate frenético, *sightlines* variadas e trabalho em equipe. Após a definição dos pilares, é estabelecida a visão do level design. Em um parágrafo, o level designer deverá descrever de maneira breve a experiência pretendida no level, aprofundando ou complementando os pilares do projeto.

O *brainstorming*,[10] conforme sugerido por Licht (2003), é bem-vindo nessa etapa, pois, na criação coletiva, é importante reali-

---

10 Reuniões nas quais a criatividade é incentivada. Toda a equipe se reúne e começa a sugerir soluções para o problema em questão, de modo a não filtrar as ideias. Após

zar reuniões de discussão de conceito para que surjam novas ideias pertinentes ao objetivo, especialmente se na reunião estiverem presentes especialistas relacionados ao tema do projeto. É fundamental documentar os resultados dessas reuniões, pois também são parte do projeto de arquitetura de nível.

Como resultado dessa etapa, podemos elaborar um croqui referencial que resumirá o partido de nosso nível. Também é possível criar uma arte conceitual inicial, pouco detalhada, apenas como complemento aos estudos iniciais, como as imagens elaboradas para o grupo de pesquisa sobre *A Ilha dos Mortos*, conforme mostrado no capítulo 1.

Estudo preliminar/layout do level

O estudo preliminar é uma primeira avaliação dos limites do conceito. Dessa forma, com base no partido arquitetônico elaborado na etapa anterior, serão tratadas no projeto questões de ordem legal, dimensionamento correto de ambientes, início de pré-dimensionamento estrutural, tipos de materiais e acabamentos, atendimento do programa de necessidades e relação com o entorno do edifício. De modo geral, esse projeto já aplica as regras do desenho técnico, porém, em um nível de detalhamento mais macro, objetivando trazer valores exequíveis à proposta inicial do conceito, ou seja, validar tecnicamente o partido arquitetônico.

Nessa etapa, é muito comum uma revisitação ao conceito por conta das adequações necessárias com base nas demandas específicas de cada projeto que ainda não foram equacionadas ou bem resolvidas na etapa do conceito.

Em level design, essa etapa consiste na elaboração de um desenho claro do level, com detalhes suficientes para que ele seja

uma rodada de sugestões, é organizado um filtro das ideias, e deste desse processo podem resultar as soluções finais para o problema abordado.

apresentado à equipe do jogo e ao diretor criativo para discussão. O design inicial proposto no conceito pode não atender a todos os requisitos de um ambiente ou de fatores técnicos; dessa forma, é fundamental antecipar possíveis problemas. Nesse ponto, a introdução de uma linguagem de desenho mais clara, como a do desenho técnico, facilita a comunicação com os membros da equipe.

Anteprojeto/*grayblock*

A partir desta etapa, a arquitetura e o level design se distanciam em relação à produção. O motivo para a diferença no processo desse ponto em diante está no fato de que um level design é construído/modelado de maneira muito mais iterativa do que um projeto de arquitetura, uma vez que o level, quando finalizado, já representa o produto final, enquanto o projeto de arquitetura finalizado ainda será uma referência para a construção de um edifício. Outro ponto importante a ser considerado é que um projeto de arquitetura só pode ser de fato experienciado quando estiver construído, enquanto nos jogos temos a vantagem de testar o level com diversas pessoas antes de considerar o trabalho concluído. Vale lembrar que, mesmo com todas as seções de teste de qualidade realizadas no level design, com o lançamento do jogo, os jogadores encontrarão formas inusitadas de utilizar o level, surpreendendo os desenvolvedores, como ocorre também com a arquitetura fática.

O anteprojeto na arquitetura tem como principal objetivo consolidar as dimensões de um espaço, de modo que são checadas interferências com projetos complementares (elétrica, hidráulica, estrutura, etc.) a fim de cristalizar o espaço, ou seja, estruturá-lo definitivamente. Nessa fase, o projeto está finalizado no que diz respeito ao escopo conceitual, visando a temas de ordem predominantemente executiva, como uma preparação para o próximo item: o projeto pré-executivo.

No level design, o *grayblock*, como já abordado, envolve a volumetria do espaço construído na *engine* do jogo com formas cinza, de maneira a focar apenas na experiência da espacialidade do level. Com as mecânicas de jogo já estabelecidas, nessa etapa torna-se possível testar o level com um grau de proximidade maior ao produto final. A preocupação do level designer nesse momento é relativa à espacialidade e à volumetria do projeto, às dimensões e a como as mecânicas de jogo, especialmente as de navegação, vão funcionar no espaço proposto.

Dessa forma, assim como na arquitetura, haverá a chance de verificar qualquer falha da mecânica que dependa ou faça parte da interface com o level design, antecipando qualquer problema desse tipo no desenrolar do projeto. Essa fase é espe-

Figura 4.9
Arte-conceito de *Wizavior* (2022), de Split Studio.

cialmente importante em jogos nos quais a mecânica principal seja a de percorrer o cenário, como no caso dos títulos de *Prince of Persia*, lançados durante a década de 2010, pois os ambientes ganham ainda mais peso, e os erros referentes a eles serão mais gritantes ou impactarão mais as etapas posteriores do desenvolvimento.

Dependendo do estúdio de games, nessa etapa, com base no *grayblock*, os artistas conceituais podem elaborar artes-conceito específicas para cada ambiente do level. Assim, os level designers terão uma referência artística para quando adicionarem os elementos de arte.

Pré-executivo/primeira interação de arte

Neste ponto, na arquitetura fática, os objetivos são a definição de acabamentos e a primeira compatibilização entre projetos complementares – neste caso, mais ligado ao encaminhamento das tubulações. Ao término desta etapa, chega-se a um nível de detalhamento suficiente para que seja possível a elaboração de um orçamento e projeções de prazo de obras.

Com relação ao level design, com o *grayblock* aprovado, podemos iniciar a substituição dele pelos *assets* finais, além da colocação dos elementos de *wayfinding*, nos quais ficarão os pontos de iluminação, dos objetos que estarão em cena, dos pontos onde estarão presentes os inimigos. Também são posicionados os volumes de bloqueio que impedirão os jogadores de acessar áreas que não devem ser navegáveis – esses volumes são como paredes invisíveis no jogo.

Executivo/finalização de arte

Finalmente, o projeto será enviado à obra, ou seja, será executado. Sendo assim, ele deve ter um nível de detalhamento suficiente para garantir sua execução, de modo a não deixar dúvidas entre os executores. Ele precisa estar completamente compatibilizado com todas as disciplinas envolvidas.

Dentro do projeto executivo, temos um detalhamento que traz desenhos auxiliares que focam particularidades do projeto, abordando-as em detalhes. Alguns dos elementos costumeiramente detalhados são: escadas, sanitários, acabamento de fachada, entre outros.

No level design, essa etapa cuidará da finalização e da adição dos *assets* de arte no level. Outros itens como iluminação e efeitos de *shaders* e **otimização** estão inclusos. Ao fim dessa etapa, o level estará terminado e pronto para o lançamento.

É importante lembrar que, para todas as fases abordadas aqui, quanto maior o número de informação nos desenhos, maior será o entendimento pelo interlocutor; dessa forma, sugere-se o uso de planta, corte e fachada, além das perspectivas. Esse processo tem como objetivo definir uma elaboração sucessiva de detalhamento do projeto até que seja atingido o nível necessário para a execução – não interferindo, nesse caso, nas técnicas de criação empregadas por um profissional, apenas sugerindo uma organização do esforço de trabalho.

A necessidade da adoção de cada uma dessas etapas da forma pela qual estão expostas neste livro é variável de acordo com o tamanho do projeto e da equipe, ficando a critério de seus idealizadores a utilização de cada uma delas em separado ou mescladas, simplificando o processo. Porém, vale tomar o cuidado de manter a documentação acessível a todos os envolvidos, com um nível de detalhamento suficiente para a execução de suas atribuições.

Outra importante característica a ser pontuada é o *playtest*. Em cada uma das etapas mencionadas, o jogo é constantemente testado para que seja desenvolvido de maneira iterativa. O teste é feito inicialmente pelos level designers e pela equipe de desenvolvimento, depois, é enviado a uma equipe de qualidade,[11] que tentará quebrar o level de todas as maneiras possíveis para, assim, expor as falhas do projeto, de modo que possam ser corrigidas.

Apoiados na prática e na repetição, e graças ao desenho desses espaços, seremos capazes de projetar ambientes (de jogo ou arquitetônicos) cada vez mais próximos do ideal, seja do ponto de vista de seu uso, de sua estética ou de ambos.

•——————•

Conforme abordado, a arquitetura de level design envolve conceitos arquitetônicos que contribuem para a elaboração de um espaço que transmita de maneira clara a mensagem e as sensações ao usuário, pensadas conforme o intuito de seu elaborador. Para isso, além da apresentação das questões conceituais, tratamos também de uma metodologia de trabalho baseada na abordagem utilizada atualmente pelos escritórios de arquitetura, com o propósito de guiar a elaboração de espaços dotados de sentido, facilitando, assim, o desenvolvimento de um projeto como um todo.

Esses aspectos contribuem de modo substancial para a linha de pensamento deste livro, acrescentando algumas estratégias do conhecimento arquitetônico com a ideia de contribuir significativamente para o desenvolvimento aprimorado de projetos de níveis em games. Dessa forma, são conferidas maior qua-

---

[11] O momento exato de envio à equipe de qualidade varia de desenvolvedor para desenvolvedor e de projeto para projeto.

lidade artística, usabilidade e imersão, uma vez que esses projetos são idealizados antes de serem construídos, podendo ter seu potencial explorado ao máximo dentro das inúmeras possibilidades presentes no level design.

Considerações finais

Ao longo deste livro, verificamos que a busca por um entendimento espacial por meio de um suporte bidimensional, assim como o temos em uma interface de saída, como um televisor ou monitor, nos ambientes digitais, teve início com a mimese do mundo tridimensional em pinturas e desenhos bidimensionais. Os primeiros desenhos eram trabalhados com um caráter mais simbólico, com menos mimese e maior significação do que era representado: um pássaro era representado visto por baixo; um cavalo, de lado, e assim por diante. Com o desejo de uma representação fiel do mundo tridimensional nos suportes bidimensionais, os antigos gregos, pioneiros, desenvolveram dois grandes métodos que são adotados até hoje por artistas: o *schemata* e o *esquema e correção*. Como vimos, o *schemata* é um esquema de construção da representação que serve de base para a individualização de um desenho – como as elipses que são desenhadas como ponto de partida para representar uma cabeça. O esquema e a correção, por sua vez, tratam da elaboração de um trabalho, da análise de seus acertos e erros, da acentuação e da correção em busca de uma mimese perfeita. Assim, tornou-se possível o "olhar fazer a curva", ou seja, interpretar aquilo que a perspectiva esconde por meio das informações dadas pelo que se mostra no suporte. Como observamos na figura *Flora*, que retrata uma donzela colhendo flores, mesmo a mulher sendo representada de costas, é possível evidenciar seu deslocamento e seu estado de espírito por conta da direção para a qual sua cabeça está voltada e pelo fato de as flores estarem mais próximas ao observador do que a donzela, entre outros aspectos. Apesar de incompletos em sua representação, pois não é possível dar a volta na cena para observá-la de todos os ângulos, esses detalhes facilitam esse entendimento, ou seja, nosso olhar faz a curva sobre o representado para entender aquilo que foi omitido em função da limitação da representação.

Com o fim do Império Romano e o início da Idade Média, a arte voltou a ter um caráter mais simbólico, não só pela perda, mas também pela negação do conhecimento produzido durante os períodos de domínio grego e romano. Com o passar dos séculos, a arte voltou a evoluir, até que, no período do Renascimento, as técnicas greco-romanas de representação foram revisitadas. Dessa forma, algum conhecimento foi mantido durante a Idade Média, e os mestres desse período desenvolveram novas técnicas, entre elas, a da *perspectiva*, que utiliza *pontos de fuga*, que servem para representar o fato de que linhas paralelas parecem se encontrar no horizonte.

Partindo dessas novas técnicas, tecnologias e materiais, a mimetização foi levada a seu ápice nos movimentos artísticos subsequentes, como o romantismo e o realismo. Com a popularização da máquina fotográfica, que permite uma captura fiel do mundo tridimensional em sua contraparte bidimensional, a arte se voltou para aquilo que uma foto não pode captar, como o movimento. Então, vieram os estilos com um nível maior de abstração, como o impressionismo e o expressionismo, até o surgimento do modernismo, que, muitas vezes, era tido como a arte pela arte, ou seja, não buscava necessariamente a mimese do mundo fático.

Outra forma de representação possível somente graças à perspectiva são as histórias em quadrinhos (HQs). Elas têm um caráter representativo muito semelhante ao existente no Renascimento, pois têm a linha como ponto fundamental dos desenhos, além de trabalharem com uma iluminação mais uniforme, apesar de haver acessões pictóricas e uma representação mais semelhante à do romantismo. Essa forma de representação também é interessante por causa de sua característica cronológica, permitindo representar objetos e ambientes sob mais de um ponto de vista em uma mesma obra, oferecendo maior entendimento das espacialidades propostas pelos artistas.

Vimos também maquetes e espaços computadorizados 3D como formas de representação. As maquetes são uma representação fidedigna da espacialidade visual em escala reduzida, por estarem inseridas no mesmo meio que aquilo que representam, sendo amplamente utilizadas por arquitetos e engenheiros para uma melhor visualização dos projetos. Já os espaços computadorizados 3D podem reproduzir, além dos volumes, as características sonoras de um ambiente, dando um novo caráter espacializante – apesar de sua interface visual ter um suporte predominantemente bidimensional –, o que confere aos ambientes nos games uma espacialização mais completa.

Para os games, essa evolução da mimese também tem sido gradual, uma vez que, além do desenvolvimento da técnica representativa, como na arte tradicional, eles também dependem da evolução da capacidade de processamento do *hardware*, não apenas para a criação, mas também para a reprodução em velocidades aceitáveis de quadros por segundo aos jogadores.

Apesar da precariedade das primeiras representações nos videogames, elas eram as melhores que os usuários-interatores já haviam visto, de modo a serem valorizadas como as mais reais possíveis. Porém, assim como na arte "a ilusão se gasta quando a expectativa aumenta" (Gombrich, 2007, p. 54), a cada nova evolução de representação, a anterior parecia deveras incoerente com a realidade. É importante lembrar, por outro lado, que aquilo que parece trivial hoje só existe por causa da experiência adquirida por diversas gerações de artistas em busca de uma mimese ideal de mundo, cada qual com a própria contribuição na construção do que pode ser observado hoje, seja em quesitos técnicos ou artísticos.

Após esse apanhado com relação à evolução da representação espacial, concentramo-nos com mais detalhes em uma técnica: o *desenho técnico*.

Com o objetivo de representar fielmente os espaços ou objetos a serem construídos em um suporte bidimensional, esse método de desenho proporciona diversas vistas em escala, a fim de cobrir todos os pontos cegos que teríamos no caso de uma única representação – especialmente na perspectiva –, trazendo assim todos os detalhes e medidas de um ambiente, uma vez que o corta em eixos verticais e horizontais, representando de maneira prática e objetiva relações de altura e largura. Depois de combinadas – ou seja, construídas em maquetes, no computador ou de maneira fática –, essas relações trarão a profundidade permitida pelo espaço tridimensional.

Enquanto na perspectiva nosso olhar precisa fazer a curva para entender aquilo que um único ponto de vista oculta, os desenhos técnicos não devem deixar margem de interpretação para os espaços. Dessa forma, em vez de apresentar alturas que diminuem quando se afastam do observador, como na perspectiva, sempre exibem alturas reais, que podem ser medidas. Para compensar a falta de profundidade do suporte bidimensional, como vimos, nessa técnica são realizadas diversas secções do espaço em eixos transversais, sendo dessa forma uma ferramenta com objetivos diferentes daqueles da perspectiva. Outro aspecto essencial a ser mencionado em relação aos desenhos técnicos é o peso deles como linguagem representativa única, que permite uma leitura do que é representado por qualquer pessoa que a domine. Assim, uma ideia é cristalizada na forma de um desenho que poderá ser consultado sempre que necessário, guiando uma produção, ou seja, tornando-se um projeto.

Como ilustração dos conceitos citados, tivemos a experiência da transposição do quadro *A Ilha dos Mortos*, de Arnold Böcklin, de uma perspectiva para um projeto que possibilita sua modelagem no computador. Os principais pontos observados nessa experiência foram que transpor uma perspectiva para um desenho técnico é uma tarefa muito mais complicada do que fazer o inverso, e, mesmo com um método definido, ainda assim alguns elementos precisam ser estimados com base na experiência de quem transpõe o desenho. Também foi possível identificar que, sem a elaboração da transposição, ficaria difícil ter propostas de projeto para o ambiente da ilha, uma vez que ela estaria modelada para ser editada, e somente então sugestões seriam pensadas. Finalmente, com o resultado da transposição, verificamos a importância da existência de um documento para fins de consulta, de um projeto com informações unificadas e claras, de modo a facilitar uma possível divisão do trabalho e garantir sua unidade e uma qualidade espacial na etapa de modelagem.

Depois dos desenhos técnicos, dedicamos nossa análise aos cenários, principalmente em relação ao cinema, uma vez que este desenvolveu uma linguagem de representação do mundo por meio de uma câmera, linguagem essa que seria aproveitada pelos games como modo de observar e se deslocar no mundo digital.

Enquanto no teatro a apresentação espacial está condicionada ao palco, limitando, assim, suas possibilidades – apesar de estar no mesmo meio que o sujeito, não permite seu deslocamento pelo espaço –, no cinema, os espaços podem ser desde lugares abertos e extensos até ilusões de óptica, *matte painting* ou computadorizados, com maior liberdade de representação espacial, e justamente pela presença em outro suporte, é possível se apoiar em suas deficiências representativas para enganar o olhar e propor algo diferente da realidade. Também permite ao espectador que se desloque pela cena, porém em um único e imutável caminho definido pelo diretor da obra.

Assim, o cinema, em razão de seu caráter audiovisual, é um fenômeno comunicacional complexo, com a possibilidade de construção de uma metalinguagem sobre a mensagem aparente do filme. Ao longo dos anos, essa arte foi evoluindo como linguagem, até ser capaz de representar ideias indiretamente; como um interesse maior para este livro, é preciso ressaltar que ela doutrinou semioticamente a leitura do mundo por meio de uma câmera, o que também é adotado nos games, facilitando assim o entendimento por parte do sujeito do que se apresenta na tela.

Classificamos esse sujeito que atua no espaço de duas maneiras: *espectador-interator* ou *usuário arquitetônico*. No primeiro caso, é aquele que interage dentro da mídia dos games, na qual, além de ser um espectador de um entretenimento, ele pode atuar de forma prática, ou seja, interagir com os ambientes de modo a enriquecer a própria experiência. Já o usuário arquitetônico é aquele que utiliza e interage com os espaços no mundo fático da forma pela qual o fazemos em nosso cotidiano.

A comparação entre esses sujeitos de mídias diferentes foi feita considerando que, na interação humana, há a contextualização de uma realidade, seja ela qual for, e tanto os espaços reais quanto os virtuais, por contarem com a interação humana, são parte dela – o que é um ponto de interesse deste livro. É fundamental lembrar que as diferenças entre esses espaços surgem do fato de que os espaços digitais, como o cinema e a arte, não buscam mais representar identicamente o mundo fático, mas sim ser um simulacro dele.

O deslocamento desses interatores no espaço permite a eles que o compreendam, uma vez que não estão fixos a um único ponto de vista ou imagem imutável, de modo que esses espaços possam conduzir uma narrativa. Uma vez introduzido um novo elemento ou uma regra em um sistema, é necessário que essa nova variável seja ensinada ao sujeito para que ele possa significá-la da maneira pela qual deve ser utilizada. Dentro dos jogos, por exemplo, temos os pontos de salvamento; caso eles não sejam devidamente apresentados aos jogadores, seus significados podem não ser compreendidos da forma correta, tornando a experiência do sujeito no espaço diferente daquela imaginada para ele.

De modo a evoluir quanto à relação do espectador-interator com o espaço digital, buscamos entender a forma pela qual a interface homem × máquina vem sendo trabalhada nos games. Essa interface, como no cinema, é principalmente audiovisual (apesar de muitos games darem algum tipo de resposta tátil por meio de vibrações no controle), utilizando dispositivos de saída para algum tipo de monitor – sejam televisores ou mesmo óculos especiais – e caixas de som – sejam tradicionais ou com função *surround*, um som com característica espacializante. Como padrão, os games apresentam o mundo a partir de uma câmera. Porém, diferentemente do cinema, essa câmera pode ser controlada e, assim, navegar com o espectador-interator pelos espaços, tornando-se o ponto de referência tanto para a visão quanto para a audição dentro do espaço virtual.

Esse espaço navegável, seja pela câmera ou diretamente pelo sujeito, é um nó que une os espaços fáticos e digitais, e somente a partir do uso deles é possível sua compreensão, tanto no âmbito espacial quanto no sentido expressado baseado na intenção de seu criador. A câmera que nos permite vagar pelos espaços em ambientes virtuais conta com duas formas de demonstrar o mundo: uma em que ela é externa ao sujeito, à qual chamamos de *terceira pessoa*; e outra em que ela se posiciona como se fosse os olhos do sujeito, a *primeira pessoa*. Especialmente quando em terceira pessoa, o espectador-interator precisa de uma representação virtual de si mesmo, e essa representação é o que chamamos de *avatar*, que serve como referência corporal, de escala e de proporção para aquele que o controla, fazendo-o compreender melhor as possibilidades apresentadas por aquele espaço específico. Se o avatar proporciona uma espacialidade pessoal para o sujeito, também o ajuda a dividir o espaço com os demais elementos modelados e presentes na cena, uma vez que esses elementos o confrontam espacialmente e permitem novas relações com o ambiente.

Para ter uma experiência completa dentro do espaço virtual, é necessário que o projetemos de modo a possibilitar uma boa *imersão*. Ou seja, temos que nos preocupar com a coerência e a credibilidade da proposta do mundo que estamos criando para garantir que o sujeito se sinta nele e possa de fato absorver a espacialidade que se apresenta diante dele, com todos os cheios e vazios que podem abrigar sua navegação.

Recorrendo ao caso do jogo *The Last of Us*, do estúdio Naughty Dog, estudamos a forma pela qual ele foi desenvolvido e algumas das estratégias utilizadas para que seus níveis aderissem ao conteúdo narrativo, à estética, ao caráter psicológico da situação e, principalmente, aos conceitos que deveriam ser passados.

Vimos que técnicas da arquitetura foram empregadas, consciente ou inconscientemente, para a construção desses espaços, como a *teoria da savana*, a *biofilia* e as ideias de Grant Hildebrand (1999) sobre arquitetura. As três vertentes se complementam e tratam do conceito de que os humanos se sentem à vontade em locais onde possam procriar e sobreviver com maior facilidade. No caso dos games, como em *The Last of Us*, levar em consideração os medos e o desconforto causados por não estarmos em um ambiente completamente favorável ajuda a garantir a diversão e o *flow*, ou fluxo, do jogo, sendo este um objetivo fundamental dos projetistas de nível.

Como outros fatores dignos de nota, vimos a variedade dos níveis presentes no estudo de caso. Apesar de as regras básicas desse jogo serem semelhantes às do mundo fático e manterem uma constante no desenrolar da trama, há uma riqueza de situações para cada ambiente, assim como de soluções criadas a fim de garantir o espaço navegável. Em um ambiente no qual o acesso deve ser limitado para fins de proteção, com elementos que se deslocam para poucos pontos, existe um vasto espaço interno que assegura um nível de diversão e uma profundidade interessantes para o espectador-interator.

Observamos também a metodologia de criação do estúdio quanto ao desenvolvimento dos níveis, a qual partiu de uma *arte-conceito* generalista, com o intuito de dar o tom do mundo a ser criado, e passou pela etapa de projeto dos ambientes e de suas usabilidades, modelados de maneira simples. Só então os detalhes foram pensados ambiente a ambiente pela equipe de arte conceitual. Depois, os projetos e a arte-conceito foram enviados aos modeladores para que realizassem a construção final do level com todos os detalhes das texturas – no exemplo tratado aqui, com todo o cuidado da composição das luzes dentro de cada ambiente para a criação de atmosferas únicas.

Até este ponto, discutimos diretamente sobre a arquitetura e o level design, o que os une e o que os separa, uma vez que a imersão garante a base para compararmos a apreensão desses espaços da mesma maneira. Isso vale também para o conceito de *lugar*: um *espaço organizado*, com paralelos equivalentes em mídias diferentes. Essas mídias, por estruturarem os espaços, permitem o *habitar* que conduz à atribuição de sentido a esses lugares.

A arquitetura, assim como os níveis dentro de um jogo, implica não apenas os elementos construídos, mas também os espaços entre eles que permitem a navegação – é a chamada *arquitetura do entre*. É nesse entre elementos que se darão as mais variadas atividades. Vimos que nesse deslocamento do entre, nesse espaço navegável, podemos construir uma narrativa ou transmitir um conceito, como verificamos com o estudo de caso de *The Last of Us* e do Museu Judaico de Berlim, de Libeskind. Ambos têm, inerente a seus espaços, um caráter estético que reforça e acentua a imersão e a mensagem presente neles.

Com base em diversos autores, como Aristóteles, Galileu, Newton, Kant, Heiddeger e Milton Santos, buscamos a definição de *espaço*. De posse dessas definições e com caráter complementar, pudemos então dizer que, se a arquitetura pensa na organização do espaço, ela pensa em lugares. Se é possível construir no espaço digital, é possível criar espaços. Como existe a alternativa de pensar nesses espaços digitais antes de construí-los, pensar no espaço digital é fazer a arquitetura desse lugar, tornando assim, conceitualmente falando, a arquitetura fática e a digital equivalentes.

Desprendidos das regras com as quais a arquitetura fática inevitavelmente tem que lidar – podendo inclusive representar o desconhecido –, os projetistas dos níveis em games contam com uma ampla gama de possibilidades e uma grande vantagem para elaborar os espaços. Porém, vale lembrar que não é possível criar algo totalmente novo, uma vez que os novos códigos devem ser fundamentados em códigos anteriores para serem entendidos e aceitos. Dessa forma, por mais desconhecido que seja um ambiente, para que se torne navegável por nós, ele deve ter alguma semelhança com nosso repertório, possibilitando, assim, nossa experiência.

Apesar de o custo e o tempo de elaboração de espaços digitais serem significativamente menores que os da construção desse mesmo ambiente no mundo fático, é necessária a elaboração de um projeto para essa mídia. Como vimos, o projeto busca a melhor solução para um espaço, sendo também uma forma de cristalizar sonhos, transformando-os em referências com uma linguagem única e melhorando, assim, qualquer etapa de execução a ele vinculada, pois antecipa problemas e garante a coesão com o todo.

Somente com o uso dos espaços e dos objetos que o sujeito apreende a dimensão de sua significação, conforme o pensamento da *topofilosofia*, um desenvolvimento crítico de Petry (2003), em seguimento ao pensamento de Aristóteles, Kant, Heidegger e Lacan. Segundo essa abordagem, temos a possibilidade de que objetos e espaços voltem a falar com o sujeito, porém esse diálogo do habitar só se faz possível a partir do construir, ou seja, de um pensar crítico e cuidadoso na estruturação desse espaço. Com o foco na experiência do sujeito – especialmente facilitado nos games por neles sermos capazes de manipular algumas regras naturais –, buscaremos criar ambientes críveis e que possam abrigar a projeção do sujeito em seu corpo digital. Assim, imerso nesse ambiente, ele poderá aproveitar todas as experiências destinadas a ele, sejam elas projetadas ou mesmo ocorridas ao acaso, pois somente a partir desse fazer artístico somos conduzidos e conduzimos ao habitar.

O habitar pode se dar em todos os locais, desde que haja um fazer artístico e uma interação – mesmo que ela seja apenas da perspectiva de espectador, como quando vemos figuras ou filmes. Quando, em uma projeção ou jogo, o movimento permite uma melhor compreensão da espacialidade, contribui também para o habitar.

Afinal, qual é o sentido da arquitetura se não pensar e dar as ferramentas para o habitar? O level design deve ser pensado da mesma forma, como um modo de refletir sobre o habitar e permiti-lo. Conforme esse raciocínio, vimos as definições de Umberto Eco (2013) para os códigos arquitetônicos, os *códigos sintáticos* – aqueles que estão ligados à técnica e à sustentação das construções –, e os *códigos semânticos* – que dão sentido à arquitetura, divididos em dois grupos: *articulações de elementos arquitetônicos*, que são técnicas e simbologias; e *articulações de gêneros tipológicos*, que tratam dos usos abrigados dessas construções, como habitação, escola, hospital, etc.

Dessa forma, pudemos analisar que as plataformas em um nível – plataforma como tudo aquilo que pode sustentar um objeto – são os elementos sintáticos dentro dos games. Cabem aos semânticos os demais elementos que tratam das significações, e os usos atribuídos aos espaços – mesmo que seja um quarto dentro do jogo –, baseados no conceito de círculo mágico, podem ser ressignificados – o quarto pode ser transformado em uma arena, por exemplo.

Outra vantagem que o level design apresenta em relação à arquitetura fática é a possibilidade de testar o espaço com pequenos grupos de pessoas antes de seu uso pelo grande público. Assim, é possível antecipar eventuais problemas ou mal-entendidos, de modo a entregar, ao final desse teste, um ambiente mais próximo do ideal, inclusive porque modificações nesse ambiente são plausíveis de serem realizadas – algo que nem sempre pode ocorrer com um projeto fático, e o arquiteto precisa aprender a cada projeto a não repetir erros, em uma metodologia de esquema e correção contínua. Vimos também que, quando um espaço é projetado, ele próprio define como deverá ser usado, porém também é permitida uma variação dessa diretriz geral, com a promoção de um máximo de coerção ("você terá que habitar assim") e de um máximo de irresponsabilidade ("você pode agir da forma que quiser").

Partindo dos conceitos de projeto de arquitetura e de todo o material visto até o momento, o planejamento de um ambiente digital garante sua topofilosofia integrada principalmente a seu uso, organizando seus espaços de projeto de arquitetura de nível – ou seja, pensar os espaços digitais em games durante um processo de projeto, a fim de documentá-lo e refletir sobre ele antes de construí-lo, é fazer uma arquitetura de nível.

Um projeto de arquitetura, de maneira geral, busca criar ambientes seguros e confortáveis, enquanto os jogos brincam com a mudança desse estado de segurança para um de perigo, explorando nossas inseguranças naturais. A *biofilia*, termo abordado neste livro, prega que nosso conforto está ligado à estabilidade no ambiente, pois ele seria o *lugar certo* para permanecer e garantir a continuidade da espécie. Bastaria a retirada de elementos que garantem a segurança para que seja despertado o desconforto buscado no level design, como em jogos de horror e de sobrevivência. Por fim, a biofilia também se interessa por aquilo que vive, por isso verificamos a necessidade de representar a vida de maneira satisfatória – por exemplo, um vilarejo em um game deve conter elementos como poços, plantações ou mercados, que mostrem que a vida naquele local é possível, e dessa forma ele se torna crível.

A *teoria da savana*, por sua vez, diz que nos sentimos no lugar certo quando estamos em ambientes que apresentam características semelhantes às da savana, já que se acredita que a humanidade, em sua origem, evoluiu a partir desse ambiente. Essa teoria aborda seis aspectos principais: *recursos do ambiente* (basicamente comida e materiais de uso cotidiano), *recursos hídricos*, *estruturas de abrigo*, *espreita e proteção*, *mobilidade estratégica* e *vigilância sem barreiras*. A ideia, com isso, é sempre nos perguntarmos na hora de projetar um espaço: "Qual é a sensação que queremos transmitir no ambiente?".

Tratamos também dos sete princípios da decoração de Francis D. K. Ching (1987): a *proporção* (a relação entre as partes), a *escala* (a relação entre um objeto e outro com medidas conhecidas), o *equilíbrio* (a estabilidade entre os elementos), a *harmonia* (a combinação entre as partes), a *unidade e variedade* (além da harmonia e do equilíbrio, a variedade constitui um papel importante para a construção de uma boa decoração), o *ritmo* (a repetição dos elementos no espaço) e a *ênfase* (relacionada aos elementos dominantes e subordinados na composição).

Podemos utilizar essas regras de maneira distorcida para criar ambientes com caráter diferenciado, assim como foi realizado nos jogos da série *God of War*, do Santa Monica Studio, que, ao quebrar a proporção da altura pela largura, tornando a primeira muito maior que a segunda, deu um caráter de monumentalidade aos ambientes do jogo. Dessa forma, vale ressaltar que o level design não diz respeito à decoração de cenário, mas sim à criação dele como um todo, à criação de espaços e significações.

Vimos que quando ficamos diante de alguma dificuldade de projeto ou alguma restrição, podemos aproveitá-la como ponto principal do projeto. Na arquitetura, é comum ouvir a frase "tire partido dos problemas"; foi assim com a Casa da Cascata, de Frank Lloyd Wright, que, de uma dificuldade principal – um terreno cortado por um curso d'água –, obteve um resultado ímpar ao incorporá-lo em sua composição.

Partindo então dos dados coletados até o momento, que apontam para uma covalência entre a arquitetura e o level design, propusemos a aplicação de uma metodologia com as etapas de construção de um projeto para um espaço arquitetônico com base na arquitetura fática, mas voltado ao desenvolvimento de um game.

O desenvolvimento inicia-se com a etapa de *pesquisa*, cujo objetivo é coletar informações de projetos análogos ao que será elaborado, tornando o projetista um especialista nessa proposta de espaço. Sugerimos que o projetista assista, jogue, leia e visite qualquer projeto que possa contribuir para a realização do seu, garantindo, assim, um repertório suficiente a seu intento. Caso haja acesso a um documento de projeto, ele também precisa ser estudado, assim como se deve criar um com os elementos da própria pesquisa ao fim da etapa.

A segunda etapa consiste na criação do *conceito* ou do *partido arquitetônico*. Nesse momento, o intuito é responder por meio de croquis e desenhos esquemáticos à pergunta: "Qual é a ideia principal que meu projeto deve passar e quais são as condicionantes dele?". Essa etapa pode ser realizada em grupo, em um *brainstorming*, ou individualmente. Como resultados, são esperados desenhos do conceito do projeto.

No *estudo preliminar*, que é a próxima etapa, é feita uma primeira avaliação espacial do conceito. Ou seja: "O conceito realizado atende às necessidades espaciais do ambiente que desejo criar?". Nesse ponto, é comum revisitar o conceito e modificá-lo, de modo a se adequar melhor às demandas do espaço. Como resultados, são esperados desenhos técnicos com pouco nível de detalhamento.

A próxima etapa da metodologia é o *anteprojeto*, que tem como objetivo prover os projetos de espaços com estruturação funcional e mecânica de jogo de maneira finalizada. Para ajudar no desenvolvimento dessa etapa, é possível empregar uma modelagem básica e sem detalhes do ambiente a fim de testar suas funcionalidades, em uma espécie de protótipo do nível.

O *projeto pré-executivo* visa à definição de acabamentos e de iluminação. Nesse ponto, a partir da modelagem feita no anteprojeto, é recomendada a realização das artes-conceito finais para o nível.

Na última etapa, o *projeto executivo*, temos o material final que será enviado à equipe de modelagem, ou seja, com detalhamento suficiente para ser compreendido pela equipe que transformará os desenhos em um ambiente tridimensional. Quanto mais informações, melhor. Aqui também aparecem desenhos de especificidades, chamados de *detalhamento*.

De maneira esquemática:

- **Pesquisa**
    - Objetivos: especializar-se na tipologia do ambiente e conhecer o estado da arte.
    - Entrada: GDD, projetos análogos e arte-conceito inicial.
    - Saída: pesquisa adicionada ao corpo do GDD.
- **Partido arquitetônico**
    - Objetivo: encontrar o conceito por trás do ambiente e suas condicionantes projetuais.

- Entrada: material de pesquisa.
- Saída: croquis do conceito.

- **Estudo preliminar**
    - Objetivo: avaliar a aderência do conceito às necessidades do projeto.
    - Entrada: pesquisa e croquis do conceito.
    - Saída: desenhos técnicos com poucos detalhes.

- **Anteprojeto**
    - Objetivos: finalizar a etapa de construção espacial e cristalizar a mecânica de jogo do nível.
    - Entrada: desenhos técnicos do estudo preliminar.
    - Saída: plantas, cortes, elevações e implantação com um nível moderado de detalhes, especialmente com relação às dimensões do espaço. Modelo 3D simples para teste das funcionalidades e futura elaboração de artes-conceito.

- **Projeto pré-executivo**
    - Objetivo: definição de acabamentos, texturas e projeto de iluminação.
    - Entrada: projetos e modelo 3D do anteprojeto.
    - Saída: artes-conceito finais e projeto com definição dos acabamentos e do posicionamento da iluminação. É possível incorporar aqui um memorial descritivo.

- **Projeto executivo**
    - Objetivo: servir de referência fidedigna para a equipe de modelagem.
    - Entrada: projetos e artes-conceito elaborados na etapa de pré-executivo.
    - Saída: artes-conceito finais, projeto executivo, detalhamentos e memorial descritivo.

Esta obra visa contribuir para o level design com os conhecimentos, os conceitos e a metodologia de criação de espaços presentes na arquitetura, transportando-os para a elaboração dos níveis dentro dos games. Antes de colocá-los em prática, é necessário compreender os pontos de intersecção desses ambientes separados por suas mídias. Assim como o autor-pensador conta não somente com pincéis, tesouras, vernizes, etc., mas também com ferramentas como mouse, monitor e teclado (Petry, 2009), a arquitetura fática hoje é assistida por suas contrapartes tridimensionais. Muitos arquitetos de renome internacional, como Norman Foster e Frank Gehry, utilizam softwares de modelagem para a elaboração de seus projetos, que do 3D do computador passam diretamente à fabricação das peças, "transmidiando", assim, os projetos digitais ao mundo real, parte a parte, até que a construção esteja completa. Como vimos, o level design pode aproveitar um processo bem conhecido da humanidade no campo da arquitetura, o do projeto de ambientes, para a elaboração de projetos de nível cada vez melhores. Ele atenderá, assim, às necessidades de seu público, que demanda progressivamente uma nova e mais completa experiência espacial dentro dos games, até o ponto que, com novas interfaces, ela pouco difira da fática. Isso exige uma nova análise sobre como uma pode se apropriar da outra a fim de entregar o mais importante: um espaço que o homem consiga habitar de maneira plena.

Glossário

Affordance/pregnância (de forma) é a qualidade que um objeto ou local apresenta graças a seu design, o que possibilita o entendimento de seu uso de maneira natural. Um clássico exemplo de *affordance* é a forma dos bules: seu design deixa claro como usá-lo e onde segurá-lo.

Arte-conceito, ou *concept art*, são desenhos desenvolvidos com a finalidade de guiar o aspecto estético da produção.

Assets são itens ou conteúdos que serão utilizados na construção do jogo. Compreendem texturas, músicas, modelos 3D, etc.

Bugs são erros de código ou de execução do jogo. Alguns podem ser apenas visuais, mas outros podem ser inconvenientes, alterando o *gameplay*, ou causar uma pane no sistema (*game breaking*).

Colliders/colisores são elementos que registram o contato de *assets* dentro do cálculo de física em uma *engine* de jogos. Podem ser usados como a superfície de objetos onde a física pode ser calculada, ou como um gatilho para eventos, por exemplo, se o jogador encostar em um *collider*, uma animação acontece.

Drawcalls é o termo utilizado para quando um objeto em uma cena tridimensional requisita memória a fim de ser desenhado no *display* visual. Basicamente, é o processamento em tempo real da renderização dos objetos em cena.

Dungeon é traduzido como "calabouço". Nos jogos, uma *dungeon* é utilizada como um nível fechado em si mesmo, possível de ser explorado. Os inimigos presentes na *dungeon* devem ser derrotados, e, normalmente, um deles, o mais forte/poderoso, guarda uma última sala, ou fase. Esse inimigo pode ser chamado de *boss* ou chefe.

Eixos monumentais são eixos que regem o projeto em uma grande escala, de modo a valorizar os objetos ou as construções colocadas em seus extremos e em sua periferia imediata.

Engine, ou motor de jogo, designa o software *middleware*, no qual o jogo é desenvolvido. Exemplos de motores de jogos: UDK, Unity 3D, Shiva, etc.*

Escala humana é a referência das proporções e medidas humanas dentro de um projeto em escala.

Exploits acontecem quando um jogador, ainda dentro das regras do jogo, descobre uma estratégia vencedora explorando uma falha de design que pode ocorrer tanto no level como no game design.

Fáticos representam o que está presente no mundo fático ou real, o nosso mundo objetivo. Neste livro, usamos como verso para o termo digital.

First person shooter (FPS), traduzido como "atirador em primeira pessoa", refere-se a jogos de tiro nos quais o jogador fica na posição da câmera, em primeira pessoa, sendo exibido na tela o que ele veria pela posição de seus olhos na vida real.*

---

* Conforme definição do *I Censo da Indústria Brasileira de Jogos Digitais* (IBJD) (2014).

Flow/fluxo é um conceito proposto por Mihaly Csikszentmihalyi e Isabella Selega Csikszentmihalyi (1988), segundo o qual uma atividade, para prender a nossa atenção, deve permanecer difícil o suficiente para ser desafiadora e fácil o bastante para permitir uma progressão.

Game design document (GDD), ou "documento de design do jogo", é um documento altamente descritivo, textual e visualmente, por meio do qual é mostrada a concepção do jogo, a mecânica dos conceitos presentes, a arte envolvida, a programação sugerida e requerida, a história e seus marcos conceituais e de interação, etc. Ele é o elemento normativo ou dorsal que irá acompanhar e orientar toda a produção do jogo, garantindo sua identidade conceitual, visual, sonora, etc. Não existe uma metodologia única de GDD, mas inúmeras, geralmente relacionadas a estilos do designer ou do artista líder, ao estúdio associado, ao editor, entre outros. Em linhas gerais, o GDD é a pedra fundamental a partir da qual o jogo é construído.*

Game designer designa uma função dentro da criação e do desenvolvimento de jogos. Um game designer é um especialista em jogos digitais que é capaz de conceber e estruturar um jogo em suas diversas fases de desenvolvimento, desde a ideia até o produto final. Geralmente, é o responsável pelo GDD do jogo. Em muitos casos, o game designer se identifica como o autor do jogo.*

Gameplay é o jogo enquanto praticado por um usuário.

Head-up display (HUD), ou "mostrador no alto da cabeça", em tradução livre. É uma peça de interface visual que mostra dados importantes para o jogador durante o *gameplay*, como a quantidade de vidas e de munição. Essas informações são normalmente mostradas em uma camada "à frente" da tela do jogo, de modo que os jogadores possam facilmente acessá-las.

Hero assets são *assets* únicos que ajudam a contar a narrativa que se passa em um determinado espaço ou os eventos que aconteceram anteriormente. A série *BioShock* (2K Games, 2007) explora muito esse recurso para adicionar profundidade e unicidade a seus levels.

Level designer, ou designer de nível, é o profissional responsável – geralmente um artista com profunda experiência no funcionamento de jogos – pela organização e estética do ambiente de jogo, pela alocação espacial e temporal dos recursos de arte, pelas luzes, pela coordenação de seus diversos elementos (luz, tonalidades cromáticas, animações, personagens), etc.

Level linear refere-se a levels que apresentam começo, meio e fim bem definidos, de forma que o jogador percorre o level e sempre avança do começo para o fim. Em contraste, existem levels que são abertos, nos quais o jogador pode ir e vir virtualmente sem restrições a locais, sem ordem específica e múltiplas vezes.

***Massively multiplayer on-line role-playing game* (MMORPG)** com dinâmica semelhante à do RPG, na qual o usuário assume um personagem, este gênero se destaca pela possibilidade de ser jogado por milhares de pessoas ao mesmo tempo, criando um ambiente de interação que funciona de forma permanente.

Metroidvania é um gênero de jogo inspirado por *Metroid* (Nintendo, 1986) e *Castlevania* (Konami, 2001), no qual o jogador explora um único level para todo o jogo. Esse level é enorme e repartido em áreas menores. Para controlar o avanço do jogador, são empregados *power-ups*, ou habilidades, que, uma vez recebidos, garantem acesso a novas áreas. Por exemplo, após conquistar o pulo duplo, o jogador poderá acessar uma nova área, antes inacessível com o pulo simples. Também há o incentivo ao jogador para que regresse a áreas já finalizadas (*backtracking*) e acesse áreas novas usando os *power-ups*, assim como itens coletáveis.

Orientation points/pontos de orientação são marcos no level design que ajudam o jogador a saber onde ele está. São comumente utilizados como marcos na paisagem, por exemplo, edifícios altos ou formações naturais, como montanhas.

Otimização é a etapa de melhoria de desempenho do *hardware*, na qual são excluídos os elementos que causam perda de performance durante o *gameplay*.

Partido arquitetônico é o conceito principal por trás do projeto de arquitetura; ele dá início e guia o desenvolvimento do projeto.

Primeira pessoa corresponde ao posicionamento da câmera como os olhos do avatar do jogador, simulando na tela o que ele veria pela posição de seus olhos na vida real.

Programa do projeto, ou programa de necessidades, é uma lista de necessidades espaciais dentro de um projeto. Por exemplo, o programa de uma casa básica teria quartos, banheiro, cozinha, área de serviço e sala.

Real-time strategy (RTS) são jogos de "estratégia em tempo real", que podem ser jogados na web ou em caráter *stand-alone* (na própria máquina, sem estar conectado à internet) e envolver a dinâmica monojogador ou multijogadores.*

Renderização é o processo no qual as imagens tri e bidimensionais são geradas para exibição na tela dos dispositivos. O processo de renderização (em tempo real) é atualmente realizado pelas placas de vídeo (e sua GPU, a unidade de processamento gráfico).*

Role-playing game **(RPG)** são jogos com foco em narrativa, nos quais os jogadores representam um personagem. Outro aspecto muito importante e icônico de um RPG é o sistema de combate e de desenvolvimento de personagem, no qual, após adquirir experiência, o personagem sobe de nível, desbloqueando novos pontos para melhora de atributos, novos poderes e opções de interação com o mundo.

Sandbox é o modo de jogo no qual o jogador está livre dentro do cenário para se deslocar e agir como quiser.

Savepoints, ou pontos de salvamento, são locais que permitem ao jogador salvar o progresso no jogo.

Sightlines/**linhas de visão** são possíveis vistas ou aquilo que os jogadores podem ver a partir de determinado ponto. Em jogos de tiro, *sightlines* são muito importantes pois, normalmente, só é possível atirar onde se vê. É importante ter *sightlines* variadas, como curtas, médias e longas, garantindo flexibilidade e oportunidade para diferentes tipos de equipamentos e jogadores.

Signifiers/**significantes** consistem em um código que significa algo. No exemplo dado no capítulo, a parede com a rachadura implica uma passagem secreta. Outros exemplos são a máquina de escrever na série *Resident Evil* (Capcom, 1996), que representa o local de salvamento do jogo, ou os blocos de interrogação na série *Mario Bros.* (Nintendo, 1983), que significam interação e obtenção de itens.

Sistemas prediais são sistemas necessários para o funcionamento de um edifício, como estrutura hidráulica, elétrica, de ar-condicionado e automação.

Sniper nest é o local destinado para o posicionamento de um jogador com uma arma de longo alcance.

Sprites são a sucessão de desenhos bidimensionais que, quando projetados em sequência rápida, dão a impressão de movimento.

Stealth, ou modo furtivo, é a modalidade de jogo na qual o jogador deve evitar ser visto pelos inimigos.

Survival-horror, ou "horror de sobrevivência", é a modalidade de jogo na qual o jogador possui poucos ou nenhum recurso e deve explorar os ambientes, de modo a evitar ou escapar dos inimigos, em vez de enfrentá-los.

Suspensão voluntária de descrença é o ato voluntário de permitir a si mesmo a crença em uma história qualquer.

Terceira pessoa corresponde ao posicionamento de câmera externo ao avatar do jogador, de modo a parecer que outra pessoa acompanha o progresso dele.

User Experience (UX) é a área de estudos focada na experiência do usuário, ou seja, em identificar quais são suas necessidades ao interagir com o jogo.

User Interface (UI) é o ramo do design focado na criação artística da interface de um equipamento com os humanos.

UI/UX no contexto deste livro, podemos entender UI/UX como toda interface de menus e HUD que observamos nos jogos.

Wayfinding é o recurso que ajuda o jogador a saber aonde deve ir. Aqui são utilizadas as mais diversas estratégias, como iluminação, *assets* específicos, cores, partículas e inimigos.

Referências

BATEMAN, C. The Thin Play of Dear Esther. **International Hobo**, 11 jul. 2012. Disponível em: http://blog.ihobo.com/2012/07/the-thin-play-of-dear-esther.html. Acesso em: 30 jul. 2023.

BAUMAN, Z. **Modernidade líquida**. Rio de Janeiro: Zahar, 2021.

BRADY, J. D. **Architecture and Level Design**: The Constrains and Affordances of Building a Single Player Level Based on Historic Reference. Dallas: Guildhall Southern Methodist University, 2012.

CAMPBELL, J. **O herói de mil faces**. Tradução de Adail Ubirajara Sobral. São Paulo: Editora Pensamento, 1989.

CARVALHO, B. **A história da arquitetura**. Rio de Janeiro: Ediouro, 1964.

CHING, F. D. K.; BINGGELL, C. **Interior Design Illustrated**. 2. ed. Nova York: John Wiley, 1987.

COLERIDGE, S. T. **Biographia Literaria**. Augsburg: Jazzybee Verlag, 2018.

CSIKSZENTMIHALYI, M; CSIKSZENTMIHALYI, I. S. **Optimal Experience**: Psycological Studies of Flow in Consciousness. Cambridge, UK: Cambridge University Press, 1988.

ECO, U. **A estrutura ausente**: introdução à pesquisa semiológica. Tradução de Pérola de Carvalho. São Paulo: Editora Perspectiva, 2013.

FERREIRA, E.; FALCÃO, T. Atravessando as bordas do círculo mágico: imersão, atenção e videogames. **Comunicação, Mídia e Consumo**, v. 13, n. 36, p. 73--93, jan./abr. 2016. Disponível em: https://revistacmc.espm.br/revistacmc/article/view/1075. Acesso em: 30 jun. 2023.

FLEURY, A; SAKUDA, L. O.; CORDEIRO, J. H. D. **I Censo da Indústria Brasileira de Jogos Digitais com Vocabulário Técnico sobre a IBJD**. São Paulo: GEDIGames; NPGT; Escola Politécnica/USP, 2014.

GOMBRICH, E. H. **Arte e ilusão**: um estudo da psicologia da representação pictórica. Tradução de Raul de Sá Barbosa. São Paulo: Martins Fontes, 2007.

HEERWAGEN, J. H. Bio-Inspired Design: What Can We Learn from Nature? **BioInspire**, 15 jan. 2003. Disponível em: https://bioinspired.sinet.ca/files/bioinspired/e-magazine/BioInspire.1-01.15.03.pdf. Acesso em: 30 jun. 2023.

HEIDEGGER, M. Construir, habitar, pensar. 1951. Conferência pronunciada por ocasião da "Segunda Reunião de Darmastad", publicada em *Vortäge und Aufsätze*, 1954. Tradução de Marcia Sá Cavalcante Shuback. Disponível em: https://filosofiaepatrimonio.files.wordpress.com/2017/03/martin-heidegger--construir-habitar-pensar.pdf. Acesso em: 30 jun. 2023.

HEIDEGGER, M. Observações sobre Arte – Escultura – Espaço. **ArteFilosofia**, Dossiê Heidegger: a arte e o espaço, v. 3, n. 5, 2008. Disponível em: https://periodicos.ufop.br/raf/article/view/713. Acesso em: 30 jun. 2023.

HILDEBRAND, G. **Origins of Architectural Pleasure**. Los Angeles: University of California Press, 1999.

JUUL, J. **A Clash Between Game and Narrative**: A Thesis on Computer Games and Interactive Fiction. 2001. Disponível em: http://www.jesperjuul.net/thesis/. Acesso em: 30 jun. 2023.

LICHT, M. An Architect's Perspective on Level Design Pre-Production. **Game Developer**, 3 jun. 2003. Disponível em: https://www.gamedeveloper.com/design/an-architect-s-perspective-on-level-design-pre-production. Acesso em: 30 jun. 2023.

LUGAR. *In*: DICIO – Dicionário Online de Português. Porto: 7Graus, 2024. Disponível em: https://www.dicio.com.br/lugar/. Acesso em: 30 jun. 2023.

MANOVICH, L. **Navigable Space**. 1998. Manovich. Disponível em: http://manovich.net/index.php/projects/navigable-space. Acesso em: 19 abr. 2024.

MANOVICH, L. **The Language of New Media**. Cambridge: The MIT Press, 2001.

MATTINGLY, D. B. **The Digital Matte Painting Handbook**. Indiana: Wiley Publishing, 2011.

MOURA, D.; BREYER, F.; NEVES, A. Teorias da arquitetura convencional e suas implicações para o design de ambientes em jogos digitais. *In*: BRAZILIAN SYMPOSIUM ON COMPUTER GAMES AND DIGITAL ENTERTAINMENT, 5., 2006, Recife. **Digital Proceedings** [...]. Recife, 2006. Disponível em: http://www.cin.ufpe.br/~sbgames/proceedings/aprovados/23654.pdf. Acesso em: 30 jun. 2023.

NAUGHTY DOG. The Last of Us Development Series. Episode 2: **Wasteland Beautiful**. [PlayStation 3 game]. [*S. l.*]: Sony, 2013. Disponível em: http://www.topofilosofia.net/SBGames_2013/dDesenv/TLoUDevDiary/slides/02_TheLastOfUsDSWBeautiful.html. Acesso em: 30 jun. 2023.

NOVAK, J. **Desenvolvimento de games**. Tradução de Pedro Cesar de Conti. São Paulo: Cengage Learning, 2010.

NOVAK, M. **Liquid Architectures**: Marcos Novak's Territory of Informations. 2005. Dissertação (Mestrado em Artes) – Louisiana State University and Agricultural and Mechanical College. 2005. Disponível em: http://citeseerx.ist.psu.edu/viewdoc/summary?doi=10.1.1.92.8246. Acesso em: 30 jun. 2023.

PEIXOTO, N. B. **Paisagens urbanas**. São Paulo: Editora Senac São Paulo, 2003.

PETRY, A. S. Uma contribuição ao conceito de jogo em hipermídia. **Informática na Educação**: Teoria & Prática, Porto Alegre, v. 8, n. 2, jul./dez. 2005. Disponível em: seer.ufrgs.br/InfEducTeoriaPratica/article/download/8176/4862. Acesso em: 30 jun. 2023.

PETRY, L. C. A im@gem pensa: aspectos quânticos da imagem cibernética. **CIBERTEXTUALIDADES**, Porto, n. 3, 2009. Disponível em: https://topofilosofia.net/textos/E_a_im@gem_pensa_RevFinal_04.pdf. Acesso em: 30 nov. 2023.

PETRY, L. C. AlletSator: aspectos fenomenológicos da produção de mundos e objetos tridimensionais na Ciberópera. **Topofilosofia**, 2006. Disponível em: http://www.topofilosofia.net/textos/A_02_Fenom_AlletSator.pdf. Acesso em: 30 jun. 2023.

PETRY, L. C. **Topofilosofia**: o pensamento tridimensional na hipermídia. 2003. Tese (Doutorado em Comunicação e Semiótica) – Programa de Estudos Pós-Graduados em Comunicação e Semiótica, Pontifícia Universidade Católica de São Paulo (PUC-SP), São Paulo, 2003. Disponível em: http://www.topofilosofia.net/textos/0_tese_topofilosofia.PDF. Acesso em: 30 jun. 2023.

PETRY, L. C. Traumdeutung: 100 anos de interatividade, psicanálise e modelagem 3D na produção de sentidos. *In*: ROSA JR., N. C.; CORREIA, S. **A interpretação dos sonhos**: várias leituras – Publicação comemorativa aos 100 anos da obra magna de Sigmund Freud. São Leopoldo: Editora Unisinos, 2000.

PRATCKCH, A. **Configurações do vazio**: arquitetura e não lugar. 1996. Dissertação (Mestrado em Arquitetura) – Departamento de Arquitetura e Planejamento, Escola de Engenharia de São Carlos, Universidade de São Paulo (USP), São Carlos, 1996. Disponível em: http://www.teses.usp.br/teses/disponiveis/18/18131/tde-17102008-151441/en.php. Acesso em: 30 jun. 2023.

SANTAELLA, L. **Cultura e artes do pós-humano**. São Paulo: Editora Paulus, 2003.

SANTAELLA, L. **Semiótica aplicada**. 2. ed. São Paulo: Pioneira Thompson Learning, 2004.

SAQUET, M. A.; SILVA, S. S. Milton Santos: concepções de geografia, espaço e território. **Geo UERJ**, ano 10, v. 2, n. 18, 2008. Disponível em: http://www.e-publicacoes.uerj.br/index.php/geouerj/article/viewFile/1389/1179. Acesso em: 30 jun. 2023.

SCHELL, J. **The Art of Game Design**: A Book of Lenses. 3. ed. Boca Raton: CRC Press, 2019.

SEMIÓTICA. *In*: SIGNIFICADOS. Porto: 7Graus, 2016. Disponível em: https://www.significados.com.br/semiotica/. Acesso em: 30 jun. 2023.

SERRA, S. M. B. **Breve histórico do desenho técnico**: Apostila do Departamento de Engenharia Civil da UFSCar – volume 1. fev. 2008. Disponível em: http://livresaber.sead.ufscar.br:8080/jspui/bitstream/123456789/1391/1/AT1-breve%20historico.pdf. Acesso em: 30 jun. 2023.

SILVA, J. C. **Aprendizagem mediada por computador**: uma proposta para desenho técnico mecânico. 2001. Tese (Doutorado) – Programa de Pós-Graduação em Engenharia de Produção. Universidade Federal de Santa Catarina, Centro Tecnológico, 2001.

SOUSA, C. A. P. **Imersão e presença nos jogos FPS**: uma aproximação qualitativa. 2012. Dissertação (Mestrado) – Tecnologias da Inteligência e Design Digital (TIDD), Pontifícia Universidade Católica de São Paulo (PUC-SP), São Paulo, 2012. Disponível em: https://tede2.pucsp.br/bitstream/handle/18116/1/Carlos%20Augusto%20Pinheiro%20de%20Sousa.pdf. Acesso em: 30 jun. 2023.

TOTTEN, C. W. Designing Better Levels Through Human Survival Instincts. **Game Developer**, 21 jun. 2011. Disponível em: https://www.gamedeveloper.com/design/designing-better-levels-through-human-survival-instincts. Acesso em: 29 jan. 2024.

VITRÚVIO. **Tratado de arquitetura**. Tradução de Justino Maciel. São Paulo: Martins Fontes, 2007.

WÖLFFLIN, H. **Conceitos fundamentais da história da arte**. São Paulo: Martins Fontes, 2015.

Créditos das imagens

Capítulo 1

Figura 1.1. Pintura rupestre em São Francisco das Palmeiras, Morro do Chapéu (BA), Brasil. Chico Ferreira. CC BY 2.0 CC BY 2.0 Deed – Attribution 2.0 Generic. *In*: Wikimedia Commons, 2010. Disponível em: https://commons.wikimedia.org/wiki/File:Arte_rupestre_(4588130338).jpg. Acesso em: 1º fev. 2024.

Figura 1.2. Mural da Tumba de Sennedjem, Deir el-Medina, Egito. *In*: Wikimedia Commons, 2007. Disponível em: https://commons.wikimedia.org/wiki/File:Anubis_attending_the_mummy_of_Sennedjem.jpg. Acesso em: 1º fev. 2024.

Figura 1.3. Ânfora etrusca. *In*: Wikimedia Commons, 2007. Disponível em: http://commons.wikimedia.org/wiki/File:Judgement_of_Paris_Staatliche_Antikensammlungen_837.jpg. Acesso em: 1º fev. 2024.

Figura 1.4. **O sacrifício de Ifigênia**. Mural de Pompeia, Itália. *In*: Wikimedia Commons, 2016. Disponível em: https://it.wikipedia.org/wiki/File:MANNapoli_9112_Sacrifice_Iphigenia_painting.jpg. Acesso em: 1º fev. 2024.

Figura 1.5. **Flora**. Mural de Castellammare di Stabia, Itália. *In*: Wikimedia Commons, 2009. Disponível em: https://commons.wikimedia.org/wiki/File:Primavera_di_Stabiae.jpg. Acesso em: 1º fev. 2024.

Figura 1.6. BERLINGHIERO. **Madonna and Child**. *In*: The Metropolitan Museum of Art, [123-?]. Disponível em: https://www.metmuseum.org/art/collection/search/435658. Acesso em: 1º fev. 2024.

Figura 1.7. DI BONDONE, Giotto. **Cenas da vida de Cristo: Lamentação**. *In*: Wikimedia Commons, 2013. Disponível em: https://commons.wikimedia.org/wiki/File:Giotto_-_Scrovegni_-_-36-_-_Lamentation_(The_Mourning_of_Christ)_adj.jpg. Acesso em: 1º fev. 2024.

Figura 1.8. DA VINCI, Leonardo. **Estudo de perspectiva para *Adoração dos magos***. 1481. *In*: Wikimedia Commons, 2023. Disponível em: https://commons.wikimedia.org/wiki/File:Leonardo_study_AdorationofMagi.JPG. Acesso em: 1º fev. 2024.

Figura 1.9. **Pitfall!**. Reprodução de tela do jogo. Activision, 1982. *In*: Internet Archive, 2013. Disponível em: https://archive.org/details/Pitfall_Activision_1982. Acesso em: 1º fev. 2024.

Figura 1.10. Desenho técnico de Cigoli (Lodovico Cardi) a partir da catedral de Santa Maria del Fiore, de Brunelleschi. Corte e planta. 1613. Disponível em: https://commons.wikimedia.org/wiki/File:Cigoli_drawing_of_El_Duomo_Florence.jpg. Acesso em: 19 abr. 2024.

Figura 1.11. BÖCKLIN, Arnold. **Die Toteninsel**. 1883. *In*: Wikimedia Commons, 2008. Disponível em: https://commons.wikimedia.org/wiki/File:Arnold_Boecklin_-_Island_of_the_Dead,_Third_Version.JPG. Acesso em: 1º fev. 2024.

Figuras de 1.12 a 1.17. Marcel Casarini, 2014.

Figura 1.18. Marcel Casarini, 2023.

Figura 1.19. DÖRER, Albrecht. Instrumento para desenhar uma imagem de perspectiva central. 1604. *In*: Wikimedia Commons, 2009. Disponível em: https://commons.wikimedia.org/wiki/File:Fotothek_df_tg_0000798_Geometrie_%5E_Perspektive_%5E_Instrument.jpg. Acesso em: 1º fev. 2024.

Capítulo 3

Figuras 3.1. e 3.2. Museu Judaico de Berlim, Alemanha. Davis Staedtler. CC BY 2.0 Deed – Attribution 2.0 Generic. *In*: Flickr, 2014. Disponíveis em: https://www.flickr.com/photos/voxaeterno/14796299704/ e https://www.flickr.com/photos/voxaeterno/14611952990/. Acessos em: 1º fev. 2024.

Capítulo 4

Figura 4.1. Câmera isométrica aérea em *Age of Empires II*. Ensemble Studios, 1999. CC BY-SA 4.0 Deed – Attribution-ShareAlike 4.0 International *In*: Wikimedia Commons, 2023. Disponível em: https://upload.wikimedia.org/wikipedia/commons/c/cc/Age_of_Empires_II_26_02_2023_03_57_59.png. Acesso em: 1º fev. 2024.

Figuras de 4.2 a 4.4. Marcel Casarini, 2014.

Figura 4.5. Casa da Cascata, de Frank Lloyd Wright. 2013. Daderot. CC0 1.0 Deed – CC0 1.0 Universal. *In*: Wikimedia Commons, 2013. Disponível em: https://

commons.wikimedia.org/wiki/File:Fallingwater_-_DSC05639.JPG. Acesso em: 1º fev. 2024.

Figuras de 4.6 a 4.8. Marcel Casarini, 2017.

Figura 4.9. Split Studio, 2021.

Ludografia

Age of Empires (Série) (Principal desenvolvedor: Ensemble Studios; lançamento do primeiro título: 1997)

Age of Empires II (Principal desenvolvedor: Ensemble Studios; lançamento: 1999)

Angry Birds (Série) (Principal desenvolvedor: Rovio Entertainment; lançamento do primeiro título: 2009)

Assassin's Creed (Série) (Principal desenvolvedor: Ubisoft; lançamento do primeiro título: 2007)

Assassin's Creed: Brotherhood (Principal desenvolvedor: Ubisoft; lançamento: 2010)

Batman: Arkham (Série) (Principal desenvolvedor: Rocksteady Studios; lançamento do primeiro título: 2009)

Batman: Arkham Asylum (Principal desenvolvedor: Rocksteady Studios; lançamento: 2009)

Battlefield (Série) (Principal desenvolvedor: Electronic Arts; lançamento do primeiro título: 2002)

BioShock (Série) (Principais desenvolvedores: 2K Boston e 2K Australia; lançamento do primeiro título: 2007)

Castle Wolfenstein (Principal desenvolvedor: Muse Software; lançamento: 1981)

Castlevania: Circle of the Moon (Principal desenvolvedor: Konami; lançamento: 2001)

Dear Esther (Principal desenvolvedor: Chinese Room; lançamento: 2012)

Fallout 4 (Principal desenvolvedor: Bethesda Game Studios; lançamento: 2015)

God of War (Série) (Principal desenvolvedor: Santa Monica Studio; lançamento do primeiro título: 2005)

God of War (era nórdica) (Principal desenvolvedor: Santa Monica Studio; lançamento: 2018)

God of War III (era grega) (Principal desenvolvedor: Santa Monica Studio; lançamento: 2010)

GoldenEye 007 (Principal desenvolvedor: Rare; lançamento: 1997)

Grand Theft Auto V (*GTA5*) (Principal desenvolvedor: Rockstar Games; lançamento: 2013)

inFAMOUS (Série) (Principal desenvolvedor: Sucker Punch Productions; lançamento do primeiro título: 2009)

Mario Bros. (Série) (Principal desenvolvedor: Nintendo; lançamento do primeiro título: 1983)

Metroid (Série) (Principal desenvolvedor: Nintendo; lançamento do primeiro título: 1986)

Minecraft (Série) (Principal desenvolvedor: Mojang Studios; lançamento do primeiro título: 2009)

Mortal Kombat II (Principal desenvolvedor: Midway Games; lançamento: 1993)

Moss (Principal desenvolvedor: Polyarc; lançamento: 2018)

Myst (Principal desenvolvedor: Cyan; lançamento: 1993)

Papers, Please (Principal desenvolvedor: 3909 LLC; lançamento: 2013)

Pitfall! (Série) (Principal desenvolvedor: Activision; lançamento do primeiro título: 1982)

Pokémon (Série) (Principais desenvolvedores: Nintendo e The Pokémon Company; lançamento do primeiro título: 1996)

Prince of Persia (Série) (Principal desenvolvedor: Ubisoft; lançamento do primeiro título: 1989)

Resident Evil (Série) (Principal desenvolvedor: Capcom; lançamento do primeiro título: 1996)

Silent Hill (Série) (Principal desenvolvedor: Konami; lançamento do primeiro título: 1999)

Sonic the Hedgehog (Série) (Principal desenvolvedor: Sega; lançamento do primeiro título: 1991)

Star Craft (Série) (Principal desenvolvedor: Blizzard Entertainment; lançamento do primeiro título: 1998)

The Elder Scrolls V: Skyrim (Principal desenvolvedor: Bethesda Game Studios; lançamento: 2011)

The Last of Us (Série) (Principal desenvolvedor: Naughty Dog; lançamento do primeiro título: 2013)

The Legend of Zelda: Ocarina of Time (Principal desenvolvedor: Nintendo; lançamento: 1998)

The Sims (Série) (Principais desenvolvedores: Maxis e The Sims Studio; lançamento do primeiro título: 2000)

Titanfall (Série) (Principal desenvolvedor: Respawn Entertainment; lançamento do primeiro título: 2014)

Tomb Raider (Série) (Principal desenvolvedor: Core Design; lançamento do primeiro título: 1996)

Ultima Online (Série) (Principal desenvolvedor: Electronic Arts; lançamento do primeiro título: 1997)

Uncharted (Série) (Principal desenvolvedor: Naughty Dog; lançamento do primeiro título: 2007)

Uncharted 3: Drake's Deception (Principal desenvolvedor: Naughty Dog; lançamento: 2011)

Virtua Fighter (Série) (Principal desenvolvedor: Sega; lançamento do primeiro título: 1993)

Wizavior (Principal desenvolvedor: Split Studio; lançamento: 2022)

Sobre o autor

MARCEL CASARINI é graduado em arquitetura e urbanismo pelo Instituto Presbiteriano Mackenzie. Mergulhou no mundo do design de jogos após completar um curso de extensão em programação e produção de jogos no Senac São Paulo. Em 2012, cofundou a Ludos Factory, de onde emergiram diversos jogos para celular, incluindo um reconhecido pela InnovaApps, em 2014, como um dos 25 melhores jogos educacionais para crianças.

Aprofundou sua expertise com o mestrado em arquitetura e design de níveis para jogos na Pontifícia Universidade Católica de São Paulo (PUC-SP), em 2014. Em seguida, dedicou-se à educação, lecionando sobre game design e produção de jogos em renomadas instituições, incluindo cursos de MBA, compartilhando seu conhecimento e práticas inovadoras com a próxima geração de designers de jogos.

Em 2017, produziu um ambicioso projeto para o game *Wizavior*, desenvolvido pela Split Studio. Mudou-se para Vancouver no mesmo ano, onde continua a desenvolver jogos e a ensinar sobre game design, agora em uma das melhores escolas de jogos do Canadá, a University of Fraser Valley. Além disso, contribui como consultor em projetos de jogos ao redor do mundo, consolidando sua posição como uma influência significativa neste campo.